창작 본능

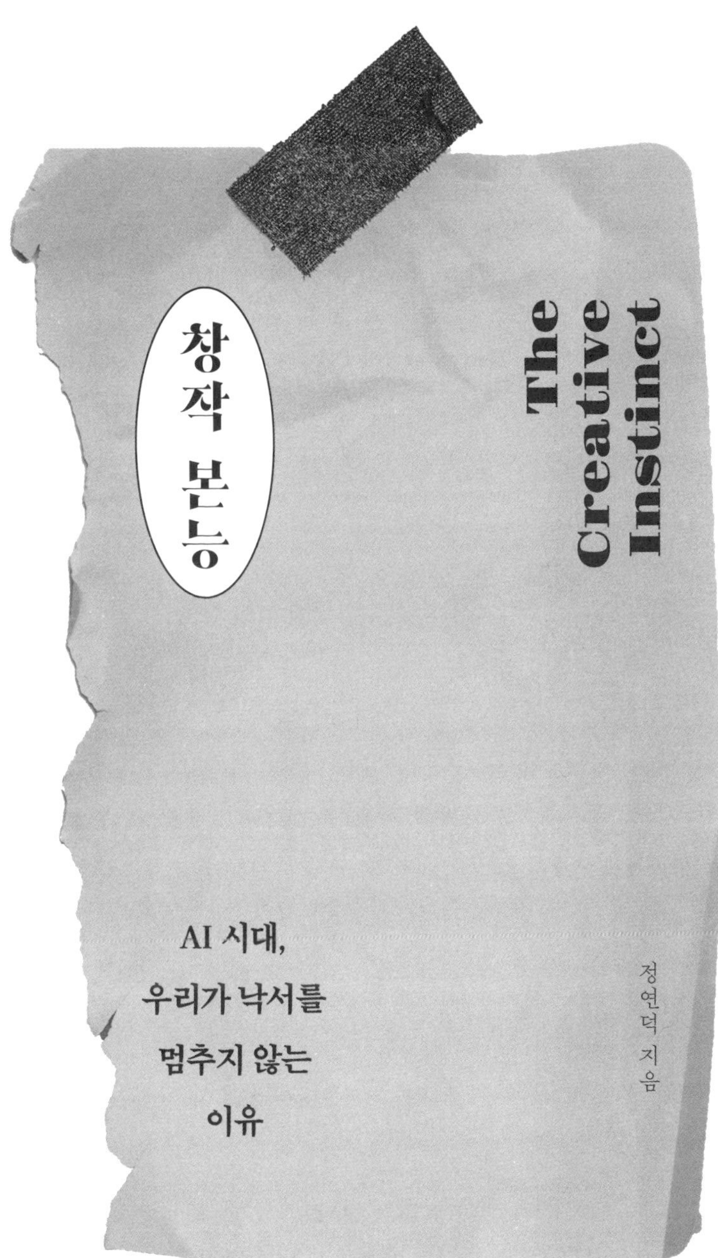

창작 본능

The Creative Instinct

AI 시대,
우리가 낙서를
멈추지 않는
이유

정연덕 지음

awake
어웨이크

AI 소용돌이 속에서
당신은 무엇을 남길 것인가?

·

AI가 글을 쓰고, 그림을 그리고, 음악과 영상을 만들어내는 시대에 '창작'을 이야기하는 방식은 어떻게 달라져야 할까? 이제 AI는 하나의 보조 기술이나 별도의 논의 대상이 아니라 창작 환경 전체를 규정하는 전제 조건이 되었다. 과거에는 '카피(복제)가 쉬워졌다'는 수준에서 기술 변화를 설명할 수 있었지만, 지금은 기획·제작·편집·유통에 이르기까지 창작의 전 과정이 기술에 의해 대체되거나 흡수되고 있는 실정이다. 이런 시대에 창작을 논한다는 것은 더 이상 창작물의 완성도를 평가하는 일이 아니라 인간은 어떤 방식으로 여전히 창작의 주체로 남을 수 있는가를 묻는 일이다. 이 질문 없이는 AI 시대 창작의 의미도, 창작의 가치도 제대로 설명될 수 없다.

AI 시대의 창작은 더 이상 '무(無)에서 유(有)를 만드는 행위'로 정의되기 어렵다. 생성형 AI는 기존의 텍스트와 이미지, 음악과 영상의 패턴을 학습해 그럴듯한 새로움을 빠르게 산출한다. 누구나 몇 줄의 프롬프트만으로 완성도 높은 결과물을 얻을 수 있고, 창작의 문턱은 낮아졌으며, 생산성은 비약적으로 향상되었다. 그러나 이 풍요는 동시에 창작의 기준을 흔든다. 생산량이 늘어날수록 작품은 더 쉽게 소모되고, 창작자는 더 빨리 대체된다. '만드는 능력'이 보편화되는 순간, 창작의 핵심은 결과물 그 자체가 아니라 그 결과물이 '어떤 선택의 연쇄를 통해 만들어졌는가' 하는 과정으로 이동한다.

그래서 AI 시대의 창자은 '무엇을 만들었는가'보다 '무엇을 남겼는가'로 평가되어야 한다. 인간은 AI처럼 수천 개의 버전을 동시에 생성할 수는 없지만, AI가 할 수 없는 방식으로 선택한다. 어떤 문장을 남기고 어떤 문장을 지울지, 어떤 장면을 앞에 두고 어떤 장면을 뒤로 미룰지, 어떤 감정을 강조하고 어떤 감정을 절제할지에 대한 판단에는 인간의 경험과 윤리, 맥락과 감정이 개입된다. AI는 조합할 수 있지만 스스로 의미를 필요로 하지 않는 반면에, 인간은 의미를 걸고 표현한다. AI의 결과물이 '그럴듯함'에 머무른다면, 인간의 창작은 '그럴듯함을 넘어' 살아 있는 흔적을 남긴다. 완성도보다 떨림, 정확함보다 미세한 틈이 작품을 살아 있게 만든다.

이 지점에서 세상이 보호해야 할 인간 고유의 창작 요소도 분명해진다. 저작권, 곧 카피라이트(copyright)는 더 이상 규제를 의미하지 않는다. 이 권리의 본래 목적은 창작이 지속될 수 있도록 기반을 마련하는 데 있다. 창작자가 만든 표현이 무단으로 복제되어 시장에서 대체될 때, 창작은 지속 가능성을 잃는다. 반대로 창작물이 지나치게 봉쇄되어 합리적인 공유와 인용이 불가능해질 때도 인류 문화는 성장하지 못한다. 그래서 카피라이트는 금지가 아니라 타인의 길을 빼앗아 자신의 지름길로 삼지는 말자는 사회적 합의이자, 창작이 이어질 수 있도록 방향을 표시하는 이정표다.

AI가 창작의 전제가 된 사회에서 창작의 세계가 붙잡아야 할 중심은 '어디에 인간의 창의적 결정이 존재하는가'라는 질문이다. 인간이 AI의 결과물을 아무런 개입 없이 그대로 내놓는다면 그것은 빠른 산출물일 수는 있어도 인간의 표현이라고 보기는 어렵다. 그러나 인간이 자료를 고르고 방향을 설정하며 결과물을 선택·배열·수정하고, 작품의 의미 구조를 재구성한다면 창작은 다시 인간의 영역으로 돌아온다. 결국 AI 시대의 저작권은 '누가 만들었는가'가 아니라 '무엇이 살아 있는가'를 묻는 제도다. 작품 안에 감정과 선택의 흔적이 있는가, 그 흔적이 독자와 관객에게 도달하는가, 그리고 그 도달을 가능하게 한 결정의 책임은 누구에게 있는가가 핵심이 된다.

우리는 종종 모방과 창작을 대립 개념으로 배워왔지만, 실제로 창작은 언제나 모방과 발명의 순환 속에서 이루어져왔다. 인간은 기존의 음악과 문장, 이미지와 역사 속에서 영감을 발견하고, 그 위에 새로운 감각을 덧붙여왔다. 표절이 타인의 표현을 자신의 것으로 위장하는 행위라면, 창작은 기존 세계와 대화하며 새로운 의미를 만들어내는 과정이다. AI는 이 순환을 가속하지만, 그 순환의 방향을 정하는 것은 여전히 인간이다. 그래서 AI 시대의 창작자는 기술자가 아니라 '큐레이터'이자 '편집자', '감정의 해석자'에 가까워진다.

그럼에도 많은 창작자가 불안을 느끼고 있다. 내 작업이 누군가와 너무 비슷하지는 않은지, 이 표현이 이미 존재하지는 않았는지, 법적 위험은 없는지에 대한 의심이 끊임없이 따라온다. AI 시대에는 유사한 결과물이 너무 쉽게 쏟아지기 때문에 이 불안은 더 커진다. 그러나 창작을 멈추게 하는 것은 위험 그 자체보다 자기 검열이다. 그래서 창작자에게 필요한 마지막 원칙은 두려움이 아니라 방향이다. '해도 되는가'라는 질문에만 머무르면 창작은 점점 위축된다. 그 대신 '어떻게 하면 더 나답게 할 수 있는가'라는 질문으로 방향을 바꾸어야 한다.

창작은 질문에서 시작해 질문으로 끝난다. 우리가 왜 쓰고, 왜 만들며, 왜 남기려 하는지를 묻는 한 창작은 멈추지 않는다. 어떤 이는 성공을 위해, 어떤 이는 명성을 위해, 어떤 이는 인정받기 위해 창작한다. 그러나 그 모든 이유 이전에, 하지 않으면 나 자신이 사라지는 듯한 감각이 있다. 그래서 창작은 선택이 아니라 필연이다.

이제 이 글은 하나의 출발점에 서 있다. 나 또한 창작하는 법학자로서, 그리고 한 사람의 예술 창작 경험을 가진 이로서, AI 시대에 창작의 가치는 무엇인지 깊이 고민하고 있다.

논문을 쓰는 일뿐 아니라, 직접 미술 전시장을 계약하고 전시를 기획하고, 캔버스 위에 색을 조색하는 체험은 나에게 창작이 단순한 결과물이 아니라 하나의 '과정'임을 깨닫게 했다. 그 모든 선택과 수정의 시간은 철저히 나 자신의 판단과 책임 아래 이루어졌다.

알고리즘이 문장을 쓰고 그림을 그리는 시대에 인간의 창작은 어디에서 고유성을 확보할 수 있는가. 분명한 것은 질문하고 선택하며 책임지는 주체는 여전히 인간이라는 점이다. AI 시대일수록 무엇을 만들 것인가보다 왜 만드는가를 묻는 일, 바로 그 물음 속에서 인간 창작의 존엄과 방향이 다시 세워질 것이다. 이를 통해 창작자는 불필요한 두려움에서 벗어나고, 더 자유롭게 만들 수 있는 기준을 갖게 된다. 이 글이 창작자가 스스로 길을 찾기 위한 최소한의 나침반이 되긴 바란다.

2026년 2월

정연덕

contents

· PART 1 ·
창작의 본질을 다시 생각하다

CHAPTER 1
본질 · 독창성이라는 환상에 관하여 017

태초에 모방이 있었다 | 영감은 어디에서 오는가 | 거인의 어깨 위에 선 난쟁이

CHAPTER 2
규칙 · 창작의 울타리는 어떻게 세워졌는가 037

저작권, 검열의 도구에서 창작의 권리로 | 저작권과 창작이 공존하는 방식 | 저작자, 저작권자, 조수 중 저작권은 누구에게 있는가 | 고스트 라이터는 작가인가, 작가가 아닌가 | 창작의 자유는 어디까지 인정되는가

· PART 2 ·
창작자를 위한 최소한의 카피라이트

PART 1

창작의
본질을
다시
생각하다

본질

독창성이라는
환상에 관하여

'완전히 새로운 창작은 과연 존재할까?'

우리는 흔히 창작을 무(無)에서 유(有)를 만들어내는 고독한 행위로 생각한다. 하지만 예술의 역사는 다른 답을 들려준다. 최초의 예술은 상상이 아니라 눈앞에 펼쳐진 현실을 그대로 따라 그린 모사에서 출발했다. 그렇다면 우리가 숭배하는 천재들은 예외였을까? 기록은 오히려 그 반대다. 모차르트는 당대의 유행 선율과 민요를 적극적으로 받아들였고, 피카소는 기존 화풍을 철저히 베끼는 훈련을 거쳐 큐비즘이라는 새로운 시각 언어를 열었다. 우리는 보지 않은 것을 만들 수 없고, 듣지 않은 음악을 작곡할 수 없다.

'그렇다면 완전히 새로운 것은 없는가?'

아마도 그렇다. 그러나 이것이 창작의 가치를 추락시키진 않는다. 새로움의 의미는 '처음'이 아니라 '다르게 보기'에 있기 때문이다. 기억 위에 해석을 덧입히는 순간, 흉내 내기는 창조로 거듭난다. 이 장에서는 이런 관점을 바탕으로, 역사 속 창작 사례들을 살펴보며 어디까지가 허용되는 모방이고 어디서부터 보호되는 표현인지 검토하고, 창작자가 실제 현장에서 참고할 수 있는 기준과 전략을 함께 알아본다.

태초에

모방이 있었다

•

창작이란 무엇일까? 창작이란 무엇이길래 이토록 많은 사람들을 가슴 뛰게 만들까? 무엇 때문에 창작자들은 영혼을 불태우고 가난을 두려워하지 않으며 스스로를 한계에 몰아세우는 것일까? 우리는 흔히 창작을 '완전히 새로운 것'을 만드는 행위라고 생각한다. 과거에 없던 문장, 어디에도 없던 형상, 처음 듣는 선율을 떠올린다. 그러나 창조는 갑작스러운 발명이나 독립적 천재성으로 이루어진 것이 아니라, 이미 존재하는 것을 보고 흉내 내고 변형하는 과정에서 시작되었다.

인류 최초의 예술적 발자취를 따라가보자. 프랑스 라스

코 동굴 벽화*에는 역동적인 소가, 스페인의 알타미라 동굴 벽화에는 들소와 사슴이 생생하게 그려져 있다. 이 동물들은 상상의 산물이 아니다. 인류 최초의 창작자들은 자신들이 실제로 보았던 세계를 옮겼을 뿐이다. 우리나라 울산 반구대 암각화**에도 고래를 사냥하는 장면, 배, 사람, 수십 종의 해양 동물이 새겨져 있다. 이 역시 상상이나 환상이 아니라 실제 경험의 기록이다. 반복된 사냥, 관찰된 움직임, 기억된 장면이 고스란히 바위에 새겨져 인류 최초의 작품들로 칭송받는다. 이 그림들은 예술인 동시에 기록이었고, 기록인 동시에 다시 예술이 되었다.

이처럼 창작은 처음부터 해석이 아니라 '모사'로 시작된다. 그러나 모사는 금세 변화를 만들었다. 누군가는 포식자의 위용을 강조하려 뿔을 과장하고, 누군가는 도망치는 짐승의 속도감을 표현하기 위해 다리를 늘려 그렸다. 단순한 베끼기에서 '감정과 관찰의 개입'이 생기면서, 표현은 해석이 되었고, 해석은 의미가 되었고, 의미는 예술이 되었다. 대상을 있는 그대로 복제하는 것을 넘어, 자신만의 관점으로 세계를 재해석하고 재창조하는 이 모방의 역설이야말로 독창적인 창조로 향하는 유일한 통로가 되었다.

*
프랑스 라스코
동굴 벽화

**
한국 울산
반구대 암각화

눈에 보이는 형상을 옮기려는 의지가 미술의 시작이었다면, 귀에 들리는 세계와 타인의 영감을 변주하려는 시도는 음악의 역사를 일궈냈다. 보이지 않는 선율의 세계 역시 다르지 않았다. 헨델은 오늘날 '표절'로 비판받기도 하지만, 당시에는 일반적이었던 차용(borrowing) 기법을 활용해 다른 작곡가의 선율이나 자신의 기존 작품을 재구성해 사용했다. 특히 오라토리오 <이집트의 이스라엘인(Israel in Egypt)>(1738)은 절반 이상이 다른 작곡가의 음악을 기반으로 만들어졌다는 분석이 있을 만큼 차용 기법의 대표적 사례로 꼽힌다. 이는 독창성보다 완성도와 조화로운 변주를 중시하던 시대의 특징적인 작곡 관습이었다.

헨델과 함께 바로크 음악의 양대 산맥으로 일컬어지는 바흐 역시 타자의 음악 언어를 흡수하는 데 주저함이 없었다. 그는 비발디와 코렐리 같은 이탈리아 거장들의 협주곡 구조를 치밀하게 분석한 뒤, 이를 오르간과 하프시코드 협주곡으로 이식했다. 단순한 편곡이 아니었다. 바흐는 원곡의 골조 위에 자신만의 인장과도 같은 대위법적 깊이를 덧입혀, 단순했던 선율을 다층적인 구조물로 격상시켰다. 이렇게 탄생한 바흐의 코랄 선율들은 훗날 브람스에 의해 전혀 다른 정서의 변주곡으로 재탄생하며 선율이 어떻게 시대를 넘어 복제되고 진화하는지를 증명했다.

　　모방과 변형의 흐름은 오늘날 K-팝(K-pop)이라는 거대한 현상으로도 이어진다. K-팝은 서양 팝 음악의 코드 진행과 비트라는 익숙한 리듬 구조를 빌려오되, 그 안에 한국적 감성과 역동적인 퍼포먼스, 정교한 제작 시스템을 결합한 새로운 장르로 자리 잡았다. 단순한 '서구화'가 아니라, 기존의 재료를 해체하고 한국적 맥락으로 재조합하여 전 세계가 열광하는 독자적 장르를 창조해낸 것이다.

　　문학에서도 흉내 내기는 단순한 모방을 넘어 오래된 구조를 다시 쓰는 창작 방식으로 기능해왔다. 오늘날 대다수의 웹소설, 드라마, 영화 대부분은 고전적 영웅 서사, 즉 '등장-시련-몰락-역전'이라는 기본 패턴을 그대로 따른다. 원형서사(原型敍事) 구조가 반복적으로 사용되는 일종의 '서사의 차용'이라 할 수 있다. 그러나 같은 틀을 사용하더라도 등장인물의 직업, 세계관, 대사 스타일, 감정의 표현 방식은 시대와 문화에 따라 달라진다. 서사는 반복되지만, 그 반복 속에서 새로운 의미가 만들어진다. 그래서 이야기는 같아 보이지만, 읽는 이가 느끼는 감정은 시대에 따라 전혀 다르게 흐른다.

　　그렇다면 우리가 천재라고 부르는 인물들은 다를까? 그들은 처음부터 독창적인 아이디어를 가진 특별한 사람들이었을까? 역사적 기록은 그 반대를 가리킨다. 셰익스피어의 희곡 대부분은 기존 설화와 역사 기록을 바탕으로 만들어졌다. 그러나 그가 새롭게 창조한 것은 줄거리가 아니라 언어의 운율과 감정의 밀도였다. 모차르트 역시 당시 유행하던 선율과 민요, 구조를 반복적으로 흡수하며 자신의 음악을 확장했다. 피카소는 초기에는 기존 화풍을 베끼며 기술을 익혔고, 그 훈련의 축적 위에서 큐비즘이라는 새로운 세계를 열었다.

우리는 보지 않은 것을 만들 수 없다. 듣지 않은 음악을 작곡할 수 없고, 읽지 않은 문장을 쓸 수 없다. 인간의 창조적 행위는 축적된 경험 위에서 탄생한다. 다시 말해, 창작은 이미 존재하는 표현과의 부단한 대화이다. 그렇다면 '완전히 새로운 것은 존재하는가?'라는 질문이 남는다. 아마도 없을 것이다. 그러나 완전히 새로운 것이 존재하지 않는다는 명제가 창작의 가치를 낮추는 것은 아니다. 이는 오히려 새로움의 의미가 '처음'이 아니라 '다르게 보기'라는 사실을 다시금 알려준다.

결국 새로움은 공백에서 만들어지는 것이 아니라 기억 위에 덧입혀진 해석에서 발생한다. 그 순간, 흉내 내기는 창조로 변한다. 그리고 그 창조는 또다시 누군가의 시작점이 된다.

창작자의 감각 – 모방성

창작은 존재하는 것을 보고 따라 하고 변형하는 과정에서 시작한다. 예술가들은 기존 작품을 연구하고 차용하면서 자신의 해석을 확장해왔으며, 이로써 모방은 다음 창작을 잇는 순환의 시작점이 되었다.

영감은

어디에서
오는가

·

창작은 종종 번뜩이는 기적이나 예고 없이 찾아오는 신비로운 신탁처럼 묘사되곤 한다. 그러나 영감은 결코 우연의 산물이 아니다. 그것은 오랜 시간 축적된 경험과 감각, 치열한 관찰과 학습이 임계점에서 맞물릴 때 일어나는 '의미의 재구성'이다. 영감은 외부에서 우연히 날아드는 것이 아니라 이미 우리 내면에 저장된 파편들이 새로운 질서로 재배열되는 찰나의 순간을 의미한다. 그래서 창작은 처음부터 독창적일 필요가 없다. 창작은 기억에서 발아하여 모방을 거쳐, 변형이라는 인고의 과정을 통해 완성된다.

창작의 역사는 단순한 우연이 아니라 문화적 기억이 대

를 이어 전승되는 거대한 흐름이었다. 이야기는 특정 시대나 지역, 문명에 박제되지 않고 입에서 입으로, 기록에서 기록으로 옮겨가며 형태를 바꾸고 의미를 더하며 확장되었다. 그 대표적인 예가 바로 '노아의 방주' 이야기다. 이 이야기는 성서만의 고유한 기록이라고 믿기 쉽지만, 사실 대홍수 설화는 인류 보편의 원형으로서 세계 도처에서 변주되고 발견되어왔다.

고대 메소포타미아의 『길가메시 서사시(Gilgamesh Epoth)』에는 우트나피시팀이 신의 계시를 받아 큰 배를 만들고 생명체들을 구해내는 이야기가 기록되어 있다. 인도의 베다 전승에는 왕 마누가 비슈누의 안내로 홍수에서 살아남으며, 중국 신화에는 여와와 복희가 대홍수 이후 세상을 재건한다. 이뿐 아니라 고대 동남아시아, 북아메리카 원주민 설화, 심지어 폴리네시아 전통 이야기에서도 '세상을 집어삼킨 물과 그 속에서 살아남은 소수'라는 서사 구조는 놀라울 정도로 일관되게 반복된다.

이러한 반복은 단순한 전파의 결과라기보다, 시공간을 초월해 인류가 공유해온 근원적인 공포와 희망의 투영이다. 인간은 시대와 지역이 달라도 비슷한 질문을 던지고, 비슷한 두려움과 희망을 공유했다. 같은 이야기가 시대의 요구에 맞춰 다시 쓰이고 기억되는 과정 속에서 우리는 이미 존재하는 것 위에 새로움을 쌓아 올리는 창작의 메커니즘을 발견하게 된다.

우리는 모두 누군가의 작품을 보며 자란다. 가슴을 울린 문장, 귓가에 맴도는 멜로디, 화가의 집요한 붓질과 서사의 극적인 흐름은 무의식 속에 켜켜이 쌓인다. 표면적으로는 잊힌 듯해도 창작자가 새로운 표현을 갈구하는 순간, 그 기억들은 조용히 수면 위로 떠오른다. 그렇게 저장된 요소들이 기존의 맥락을 벗어나 새롭게 결합할 때, 우리는 비로소 '영감이 떠올랐다'라고 말한다. 결국 영감이란 무(無)에서의 생성이 아니라 유(有)의 창조적 재구성인 셈이다.

음악도 모방과 변형의 부단한 연속이다. 힙합은 '샘플링'이라는 방식으로 과거의 유산을 해체하고 재조합하며 자신만의 정체성을 구축한다. 재즈의 잔향, 소울의 온기, 블루스의 구조가 새로운 비트 위에 얹힐 때 음악은 전혀 다른 시공간의 언어로 바뀐다. 클래식 음악 또한 민속적인 선율이라는 원재료를 거장들의 고유한 작법으로 확장하며 풍성해졌다. 전통은 박제된 유물이 아니라 시대의 감각과 조우하며 끊임없이 재해석되는 살아 있는 언어다.

한국의 판소리는 이런 음악적 순환 구조를 극명하게 보여준다. 판소리는 고정된 악보 대신 스승의 소리를 오롯이 몸으로 익히는 과정을 통해 발전해왔다. 같은 <춘향가>라

해도 소리꾼(唱者)의 호흡과 생애, 창법의 미묘한 결에 따라 그 울림은 천차만별로 달라진다. 스승의 소리를 똑같이 복사하는 것이 목적이 아니고, 그 소리를 자기의 몸과 경험이라는 필터로 다시 걸러내는 과정이 핵심이다. 판소리에서 전수는 곧 재창조였고, 모방은 곧 깊이 있는 변형이었다. 그렇게 소리는 시대를 건너며 성장했고, 전통은 정체되지 않고 끊임없이 다시 만들어졌다.

미술사 또한 거장들이 서로의 어깨를 딛고 올라선 기록이다. 르네상스 예술가들은 고대 그리스 조각에서 인체 비례의 정수를 학습했고, 미켈란젤로와 레오나르도 다빈치는 이를 답습하는 데 그치지 않고 인간의 해부학적 구조를 재해석하여 사실주의의 정점을 찍었다. 그러나 공고했던 고전의 규범조차 변형을 피할 수는 없었다. 인상파 화가들은 '정확한 재현'이라는 오랜 강박을 과감히 떨쳐내고, 사물의 형태 대신 순간적으로 흩어지는 빛의 산란과 공기의 떨림을 캔버스에 붙잡았다. 모네의 연못, 르누아르의 인물, 세잔의 사과는 이제 고정된 실체가 아닌, 감각의 흐름을 기록하는 매개체로 변모했다. 인상파는 고전의 규칙을 파괴했다기보다는 그 규칙을 기반으로 '무엇을 볼 것인가'라고 질문을 바꿨을 뿐이다.

이후 피카소*는 아프리카 가면에서 형태와 구조를 발견

했고, 그것을 해체해 새로운 시각 언어로 재조직했다. '사물은 단 하나의 고정된 시점에서만 규정되지 않는다'는 철학을 시각화하며 보는 방식의 혁명을 일으켰다. 이처럼 미술의 역사는 모방이 단순한 복제를 넘어 변형과 재창조로 이어지는 거대한 순환 고리임을 증명한다.

영감은 경이로운 재회의 순간

문학 역시 연쇄적 창작의 연장선상에 있다. 셜록 홈스는 어느 날 갑자기 하늘에서 뚝 떨어진 캐릭터가 아니다. 에드거 앨런 포가 창조한 탐정 '뒤팽'이라는 모델과 코난 도일의 스승이었던 조셉 벨 박사의 실존이 작가의 상상력 안에서 뒤섞인 결과다. 여기에 작가만의 집요한 관찰력과 독특한 문체가 더해져 대체 불가능한 상징이 탄생한 것이다. 오늘날 웹툰과 웹소설 작가들 역시 영상의 연출 기법을 흡수하고, 영상 매체는 다시 서사의 구조를 빌려오며 서로의 영토를 확장하고 있다.

특히 현대 영화는 차용과 변형의 미학이 가장 활발한 영역이다. 이제 패러디와

*
피카소
〈아비뇽의 여인들〉(1907)

오마주는 그 자체로 하나의 세련된 장르 문법이 되었다. 쿠엔틴 타란티노는 1970~80년대 B급 영화나 홍콩 누아르의 장면을 기워 붙여 자신만의 독보적인 스타일을 구축한 감독으로 꼽힌다. 슈퍼히어로 영화의 상징적인 포즈나 대사 역시 장르적 약속인 동시에 세대 간 문화적 차용의 흔적이다. 영화는 원본에 경의를 표하는 동시에 새로운 감각의 층(layer)을 쌓아올리며 진화한다.

결국 영감은 신비로운 번뜩임이라기보다는 오래전부터 우리 안에 스며든 것들이 새로운 모습으로 나타나는, 경이로운 재회의 순간이다.

창작자의 감각 – 변형성

영감은 갑작스러운 천재적 순간이 아니라 모방, 흡수, 변형을 통해 나온 결과다. 우리 안에 축적된 경험과 관찰이 다른 모습으로 깨어나는 순간 비로소 영감이 일어난다.

거인의
어깨 위에 선

난쟁이

•

"내가 더 멀리 볼 수 있었다면, 그것은 거인의 어깨 위에 올라서 있었기 때문이다."

근대 과학의 아버지로 불리는 아이작 뉴턴이 남긴 이 유명한 말은 창작과 발견의 본질을 드러내는 겸손한 고백으로 널리 회자된다. 하지만 이 말의 뿌리는 12세기 프랑스의 스콜라 철학자 베르나르 드 샤르트르(Bernard de Chartres)에게로 거슬러 올라간다. 그는 이렇게 말했다.

"우리는 거인의 어깨 위에 선 난쟁이다. 그렇기에 그들보다 더 멀리, 더 많은 것을 볼 수 있다. 하지만 그것은 우리의 시야가 더 예리하거나 신체적으로 뛰어나기 때문이 아니라, 거인들이 우리를 그들의 키만큼 높이 들어 올려주었기 때문이다.”

이 문장은 현대 저작권이 태동하게 된 철학적 토대를 상징한다. 우리가 마주하는 문명과 예술의 풍경은 결코 고립된 개인의 성취가 아니다. 앞선 창작자들이 일궈낸 지적 유산 위에 우리가 발 딛고 서 있기 때문에 비로소 가능한 조망이다. 저작권은 바로 그 ‘거인’들이 남긴 발자국에 대한 경의에서 출발한다. 나아가 후배 창작자들이 거인의 어깨 위에서 더 먼 지평을 바라볼 수 있도록, 그들의 발판을 보호하고 독려하는 약속이기도 하다.

문호 괴테는 이렇게 말했다. “우리의 에너지와 힘, 그리고 의욕을 제외하면, 우리 자신의 것이라고 자신 있게 말할 수 있는 것은 아무것도 없다.” 이는 곧 창작이 진공 상태에서의 탄생이 아니라 이미 존재하는 사상과 감정을 내면에서 새롭게 연금해내는 과정임을 시사한다. 괴테에게 창작이란 독창성 그 자체보다 그것을 가능하게 만드는 ‘의욕과 에너지’에 있었다. 아인슈타인 역시 창작을 신비로운 직관의 산물이라기보다 그 이전까지의 지적 경험이 쌓여 나오는 통찰이라 보았다. “새로운 아이디어는 갑자기, 어떻게 보면 직관적인 방식으로 찾아온다. 하지만 그 직관은 이전의 지적 경험의 결과물에 불과하다”라는 그의 말처럼, 창작은 기적의 산물이 아닌 학습과 관찰, 사유가 겹겹이 쌓여 만들어진 퇴적물이다.

두 거장 모두 창작을 범접할 수 없는 '천재성'의 전유물로 보지 않았다. 그 대신 누구나 수행할 수 있는 관찰과 학습, 그리고 감상이라는 보편적인 과정으로 이해했다. 이러한 관점은 저작권의 기본 정신과 깊이 맞닿아 있다. 창작자가 되기 위해 반드시 '거인'이어야 할 필요는 없으며, 창작의 가치가 거대한 발견이나 거창한 예술적인 성취에만 국한되지 않는다. 오히려 일상에서 우리가 행하는 짧은 글쓰기, 그림 그리기, 사진 찍기처럼 작고 소박한 것들에도 그 가치가 있기 마련이다.

작은 동전론과 작은 창작의 권리

이러한 철학을 법적으로 구체화한 개념이 바로 독일 저자권법에서 발전한 '작은 동전론(Kleine Münze)'이다. 작은 동전론이란 위대한 작품이 아닐지라도, 최소한의 창작성만 갖추었다면 저작물로서의 권리를 보호해주어야 한다는 이론이다. 창작의 문턱을 최대한 낮추어 더 많은 인간의 표현을 품으려는 법적 의지이자, 모든 창작 활동에 대한 존중의 철학이다. 독일 연방대법원은 "지극히 낮은 정도(äußerst geringen Grad)"의 개별성만 있어도 저작물로 성립한다고 보았다. 이에 따라 독일에서는 계산표, 요리책, 주소록, 차표, 간단한 문서 양식, 심지어 단순한 음악 편곡조차도 저작권의 보호 울타리 안으로 들어올 수 있게 되었다.

우리나라 대법원도 같은 입장을 취하고 있다. "완전한 의미의 독창성을 말하는 것이 아니며, 남의 것을 단순히 모방한 것이 아니고, 저작자 자신의 독자적인 사상 또는 감정의 표현이 담겨 있음을 의미할 뿐이다. 이런 요건을 충족하기 위해서는 저작물에 그 저작자 나름대로의 정신적 노력의 소산으로서의 특성이 부여되어 있고, 기존 작품과 구별할 수 있을 정도이면 충분하다."[1]

다시 말해 창작성의 기준은 상대적이고 표현 중심적이어서, 창작자의 감정과 표현이 담겨 있는 한 그 자체로 보호받을 수 있는 대상이다.

이런 법적 판단은 창작의 문턱을 낮춘다. 어린아이의 천진난만한 그림부터 SNS에 올린 사진 한 장까지 창작자의 감정과 표현이 담겨 있는 한 그 모든 것은 어엿한 저작물로 보호받는다. 누구나 창작자가 될 수 있는 디지털 시대일수록 이 '작은 동전'들의 가치는 더욱 존중받아야 한다. 너무나도 쉽게 복제되고 빠르게 휘발되는 세상이기에, 책의 서문이나 포스터의 카피 한 줄에 깃든 창작자의 정성을 예민하게 포착해야 한다. 이는 단지 법의 영역을 넘어서 창작을 대하는 우리의 문화적 품격과 직결되는 문제다.

아이작 뉴턴이 말했듯, 우리는 모두 선배 창작자들의 어깨 위에 서 있다. 그리고 우리 역시 또 다른 창작자들의 어깨가 될 수 있다. 저작권은 그 연결고리를 지키는 제도이며, 창작은 단 하나의 문장, 단 한 장의 그림, 단 한 줄의 감정에서 시작된다. 거인의 어깨 위에 선 난쟁이는 새로운 시야를 열 수 있다. 그리고 그 시야를 통해 세상은 조금씩 더 멀리, 더 다르게 나아간다.

창작자의 감각 - 연결성

창작은 이전 세대의 표현 위에 쌓이며 이어져온 지적 흐름의 산물이다. 저작권은 그 흐름이 단절되지 않도록 창작자 간의 연결을 지키는 장치다. 거인은 기꺼이 난쟁이에게 어깨를 내주고, 난쟁이가 모여 다시 거인의 어깨가 된다.

CHAPTER 2

규칙

창작의 울타리는
어떻게 세워졌는가

창작은 언제부터 규칙이 되었을까?

우리는 글을 쓰고 노래를 짓고 그림을 그리면, 그 결과물이 당연히 '내 것'이 된다고 믿는다. 하지만 창작과 규칙이 맺어온 관계는 전혀 다른 얼굴을 하고 있다. 저작권(Copyright)이라는 이 견고한 울타리는 본래 창작자를 보호하기 위해 세워진 상냥한 장치가 아니었다. 오히려 인쇄술의 발명과 함께 복제 시장이 팽창하자 타인의 성과에 편승하려는 '무임승차'를 막고 국가가 출판물의 사상과 표현의 자유를 통제하기 위한 검열의 수단으로 고안되었다. 이후 1710년 영국에서 제정된 앤 여왕법에 이르러서야 비로소 보호의 무게중심이 출판업자에서 저자로 이동하기 시작했다. 그 후 저작권은 예술 산업의 확장과 궤를 같이하며, 창작자의 권리 보호와 공공의 이용이라는 두 가치 사이에서 끊임없이 균형을 조율하며 오늘에 이르렀다.

모든 것이 데이터로 환원되는 오늘날, 창작자는 이 울타리를 자신을 가로막는 '장벽'으로만 느껴야 할까, 아니면 내 영토를 지켜주는 고마운 '이정표'로 삼을 수 있을까. 이번 장에서는 저작권의 역사적 변곡점과 주요 판결이 남긴 경계선을 따라가본다. 저작자와 저작권자, 그리고 조수의 모호한 구분부터 시작해, 차용과 침해를 가르는 '아이디어와 표현의 이분법', 공정 이용과 퍼블릭 도메인의 세계를 탐험하며, 나아가 협업과 인용이 일상이 된 창작 현장에서 어떻게 안전하게 참고하고 변형할지, 계약과 표기는 어떻게 해야 하는지 등 창작자들에게 필요한 실질적 기준과 팁을 정리해본다.

저작권,

검열의 도구에서
창작의 권리로

·

오늘날 우리에게 저작권은 공기처럼 당연한 상식으로 자리 잡았다. 작가가 글을 쓰고, 작곡가가 음악을 만들고, 화가가 그림을 그리는 순간, 그 창작물이 자연스럽게 그 사람의 권리가 된다는 사실에 누구도 의문을 품지 않는다. 하지만 역사 속에서 저작권은 처음부터 창작자를 보호하기 위해 고안된 제도가 아니었다. 그 출발점에는 인쇄 기술의 비약적 발전이 불러온 출판 시장의 혼란을 수습하려는 경제적 목적이 있었다.

1440년경 독일의 요하네스 구텐베르크가 금속 활자를 이용한 근대 인쇄술을 발명했다. 인쇄술 이전에는 책 한 권을 만들기 위해 필사가가 수개월간 고통스럽게 글을 옮겨야 했기에, 책은 극소수 권력층의 전유물이었다. 그러나 인쇄술이 등장하며 지식과 종교적 사상이 대량으로 쏟아지는 시대를 열었다. 인쇄업자와 상인들을 경유하며 출판물이 새로운 상품으로 등장하자 시장의 관점에서 새로운 문제가 불거졌다. 누군가가 막대한 비용을 들여 책을 제작한들 다른 이가 그것을 그대로 복제해 저렴하게 팔아치우는 '무임승차'가 가능해진 것이다. 이때 등장한 초기 형태의 저작권 규제는 원고를 쓴 창작자를 위한 것이 아니라, 원고를 상품으로 가공해 유통하는 출판업자의 기득권을 지키기 위한 방어막이었다.

최초의 저작권법으로 불리는 1534년 영국의 '인쇄업자 및 제본업자법(Printers and Binders Act)' 역시 검열과 독점이라는 두 축으로 작동했다. 이 법은 외국 서적의 수입을 금지하고 국가(대법관)가 서적 가격을 통제하는 등 출판 권력을 장악하기 위한 장치에 가까웠다. 국가 입장에서는 사상·종교적 표현을 검열할 수 있는 명분을 얻었고, 출판업자는 복제권을 확보했다. 결국 저작권의 초기 원형은 창작자의 권익 보호보다는 권력의 통제 수단이자 산업적 독점권이었다.

이 흐름을 바꾼 결정적 전환점은 1710년 영국에서 제정된 앤 여왕법(Statute of Anne)이었다. 이 법은 세계 최초의 현대적 저작권법으로 평가되며, 처음으로 '저자의 권리'를 공식적으로 인정했다는 점에서 기념비적이다. 그전까지 출판업자가 독점하던 저작물의 권리를 두고, 이 법은 "책의 창작자는 그 저작물에 대해 일정 기간 배타적 권리를 가진다"라고 선언함으로써 보호의 대상을 창작자로 이동시켰다. 이는 단순히 법의 변화를 넘어, 창작 행위를 정당한 노동이자 보호받아야 할 재산으로 바라보는 사고의 대전환이었다. 앤 여왕법은 이후 프랑스혁명과 미국의 독립을 거치며 지식재산권이라는 보편적인 가치이자 국제적인 기준으로 자리 잡았다.

저작권의 의미는 시대에 따라 변화해왔다. 초기에는 국가의 사상 통제 장치였으나, 18세기 이후에는 저자의 경제적 권리를 인정하는 보호 체계로, 19세기에는 예술가의 개성과 인격권을 존중하는 개념으로 진화했다. 그리고 21세기 현재, 저작권은 글로벌 콘텐츠 산업의 핵심인 지식재산권(Intellectual Property, IP) 비즈니스의 근간으로 확장되었다.

음악 분야의 경우, 18세기 작곡가들의 악보가 출판업자에 의해 무단 복제되는 진통을 겪으며 비로소 '인세(royalty)'라는 개념이 정립되었다. 하지만 디지털 스트리밍이 보편화된 오늘날, 수익 배분의 불균형 문제는 여전히 창작 생태계가 해결해야 할 뜨거운 감자로 남아 있다.

미술 분야 역시 르네상스 시대에는 작품이 화가 개인이 아니라 후원자나 공방의 소유로 남던 공방 중심 체제이다가, 19세기 인상파 이후 예술가가 작품에 이름을 새기는 '서명'의 문화가 정착되었다. 이는 '이 작품을 만든 사람은 누구인가'라는 질문이 법적 권리를 결정짓는 강력한 증거가 되는 변화의 시작이었다.

출판 분야는 이러한 저작권 논의가 가장 치열하게 전개된 핵심 무대였다. 오늘날의 출판 계약은 종이책 출판권을 넘어 번역, 전자책, 오디오북, 웹툰 및 영상화 같은 2차적저작물 권리와 해외 라이선스까지 포함하는 정교한 지식 산업 모델이자 글로벌 IP 비즈니스 모델로 진화해나가는 중이다.

한국의 저작권 제도 역시 격동의 현대사와 함께 변화해왔다. 1957년 첫 제정 당시에는 산업화라는 우선 과제 때문에 창작자의 권리는 뒷전이었다. 드디어 1987년 세계저작권협약 가입을 시작으로 1996년 베른협약(Berne Convention)에 가입하며 국제 기준을 갖추기 시작했으나, 진정한 시험대는 인터넷이 보급된 2000년대 이후였다. 2003년 전후 P2P와 웹하드를 통한 파일 공유가 대중화되면서 음악, 영화, 출판물의 불법 유통이 증가했고 사회적 충돌이 폭발했다. 'MP3 공유는 문화 향유인가, 명백한 도둑질인가?', '1GB짜리 영화 파일 다운로드는 개인적 소비인가, 침해 행위인가?'와 같은 뜨거운 논쟁 속에서 우리 사회는 불법 다운로드 단속과 기술 보호조치를 도입하며 온라인 질서를 정립해나갔다.

인터넷은 저작권의 체계를 근본적으로 뒤흔들었다. 창작물은 종이책과 CD 같은 물리적 형태를 벗어나 디지털 신호로 이동했고, 복제 비용은 거의 0원에 수렴하게 되었다. 저작권법 역시 이러한 환경 변화에 발맞춰 스트리밍, 플랫폼 라이선스, 디지털 복제 방지 기술 등 사회적 합의를 반영하며 끊임없이 업데이트되는 중이다.

창작자의 감각 - 전파성

저작권은 창작자 보호가 아닌 복제와 경쟁을 통제하기 위해 탄생한 제도다. 앤 여왕법에 이르러서야 비로소 출판업자가 아닌 창작자의 권리를 보호한 현대적인 저작권 개념이 출발했다. 저작권을 단순한 보호 장치를 넘어 창작·유통·소비를 조율하는 사회적 합의 구조로 이해할 때 창작의 세계는 무한히 넓어진다.

저작권과
창작이
공존하는 방식

•

'저작권은 창작자의 성장을 돕는 든든한 조력자인가, 아니면 새로운 시도를 가로막는 장애물인가?'

이 질문에 한마디로 답하기란 쉽지 않다. 저작권은 창작자의 권리를 수호하면서도 동시에 타인의 접근을 제약하는 이중성을 지니고 있기 때문이다. 보호와 억제, 권리와 자유, 창작과 규제 사이에서 저작권은 늘 시대에 걸맞은 균형을 모색해왔다. 앤 여왕법 이후 현대 저작권이 처음 만들어졌을 때의 목적은 명료했다. 창작자에게 정당한 권리를 부여함으로써 창작자가 창작을 지속하는 토양을 마련하는 것이었다. 창작은 시간과 노동, 고뇌가 응축된 결실이며, 그 가치를 법적으로 인정하는 것은 창작자의 삶을 존중하는 최소한의 사회적 약속이다. 그러나 시간이 흐르며 저작권은 창작자를 지켜주는 든든한 울타리인 동시에, 후행 창작자들이 기존의 문화 자산에 접근하는 것을 가로막는, 보이지 않는 장벽으로 작용하기 시작했다.

음악 산업은 이러한 보호 기능이 창작 생태계를 어떻게 지탱해왔는지 보여주는 대표적인 분야다. 1990년대 이후 샘플링 음악은 저작권 분쟁의 소용돌이 속에서 한때 위축되기도 했지만, 합법적인 라이선스 체계가 확립되면서 오히려 거대한 장르 문화의 성장을 이끄는 동력이 되기도 했다. 창작물에 대한 합리적 보상 구조가 마련되자 음악은 억제된 것이 아니라 더 풍성하고 다채로운 방식으로 그 영토를 확장해나갔다.

2006~2008년 스포티파이는 '무료+유료' 병행 모델과 비례 배분 방식으로 스트리밍 시장을 장악했지만, 2013년 기준 스트리밍당 약 0.007달러에 불과한 저작권료로 비판을 받았다. 2015년 애플뮤직은 무료 없이 유료 구독만으로 운영하며 더 높은 지급률로 경쟁에 나섰고, 2018년 한국은 창작자 몫을 65%로 상향했고, 미국도 지급 체계를 정비했다. 2025년 현재는 플랫폼 30%, 권리자 70% 구조가 유지되고 있다.

반면에 클래식 음악은 '저작권 보호 기간 만료'가 문화적 풍요의 기반이 된 사례다. 바흐, 모차르트, 베토벤의 작품이 퍼블릭 도메인(공유 저작물)으로 전환된 덕분에, 우리는 오늘날 수천 가지 개성 있는 해석과 편곡, 녹음 버전을 누릴 수 있게 되었다. 보호의 종료는 단절이 아니라 새로운 창조를 위한 거대한 공유지의 출발이 되었고, 그 자유로운 접근은 창작의 자양분이 된 것이다.

미술계에서도 루브르나 메트로폴리탄 미술관이 소장한 고전 걸작들의 이미지는 보호 기간이 종료되어 누구나 향유할 수 있는 공공 자산이 되었다. 그 결과 명화들은 상품 디자인, 교육, 디지털 콘텐츠 등 다양한 영역에서 끊임없이 변주되며 우리 일상 곳곳에서 살아 있게 되었다. 반면 해당 작품을 정교하게 촬영한 고해상도 데이터나 현대적 기술로 복원한 복원물은 기여자와 투자자의 노력을 인정받아 새롭게 보호받기도 한다.

출판계에서도 이미 저작권이 소멸한 고전들이 끊임없는 재해석의 대상이 되고 있다. 『셜록 홈스』가 현대적인 감각의 추리 드라마로 재탄생하고, 『오만과 편견』이 좀비 코미디라는 파격적인 장르로 변주되는 과정은 저작권의 굴레를 벗어난 창작 생태계기 얼마나 폭발적인 생명력을 가졌는지를 증명한다.

카피라이트가 장벽이 되는 순간

그러나 저작권의 장벽이 지나치게 높아지면 새로운 창작의 기회는 적어지고 표현의 자유는 위축될 수밖에 없다. 특히 패러디, 비평, 연구, 교육처럼 사회적 공익이 큰 영역에서조차 법적 불안 때문에 창작을 멈추는 '위축 효과'가 나타나기도 한다. 오늘날 디지털 시대에는 공유와 확산을 양분 삼아 발전해온 동시에 저작권의 그물망이 촘촘해지면서 이용자와 창작자 모두 '이것을 써도 될까? 이것조차 침해일까?'라는 의심 앞에서 멈칫하게 된다.

특히 시각 예술 분야에서는 이러한 의심과 위축이 반복적으로 드러난다. 사진처럼 정교하게 그리는 포토리얼리즘 작가들이 실제 사진을 밑그림 삼아 작업할 때, 그것이 단순한 복제인지 혹은 작가만의 독창적 표현인지를 두고 법적 공방이 이어졌다. 미국의 리처드 프린스(Richard Prince)가 SNS 게시물을 확대 출력하여 그대로 전시한 사례나, 제프 쿤스(Jeff Koons)가 광고 사진을 차용했다가 여러 차례 법정에 서게 된 사건들은 현대 미술에서 저작권의 잣대가 어디에 놓여 있는지를 극명하게 보여준다.

제프 쿤스는 기존의 사물이나 이미지를 그대로 가져와 새로운 맥락을 부여하는 '전유 미술(Appropriation Art)'의 거장이지만, 그 파격적인 행보만큼이나 저작권 침해라는 법적 굴레에서 자유롭지 못했다. 가장 유명한 사례는 조각 작품 <겨울 사건(Fait d'Hiver)>* 사건이다. 이 작품은 1985년 프랑스 의류 브랜드 나프나프(Naf Naf)의 광고 이미지 중에서 눈밭에 쓰러진 여성 모델과 돼지가 마주 보는 독특한 구도를 거의 그대로 따왔다. 해당 광고의 저작권은 기획자 프랑크 다비도비시(Franck Davidovici)에게 있었다. 쿤스는 이 광고 사진을 도자기 조각으로 변형해 1988년 발표했으며, 현대 미술 특유의 재해석이자 패러디라고 강변했다.

그러나 프랑스 법원의 판단은 엄격했다. 법원은 쿤스의 작품이 원작자의 창작적 표현을 그대로 모방했을 뿐, 새로운 의미를 창출하거나 원작을 비판하는 패러디로서의 요건을 충분히 갖추지 못했다고 판시했다. 2018년 1심에 이어 2021년 항소심에서도 법원은 쿤스의 저작권 침해를 인정하며 막대한 배상금을 명령했다. 이 사건은 현대 미술의 '차용'이라는 이름 아래 자행되는 행위가 원작자의 정당한 권리를 침해할 경우, 법적 책임을 피할 수 없다는 서늘한 선례를 남겼다.

* 제프 쿤스 <겨울 사건>(1988)

금지가 아닌 균형의 언어로

다시 질문으로 돌아가보자. 과연 저작권의 법적 울타리는 창작자의 성장을 돕는가, 아니면 규제만 하는 장애물인가? 법은 이러한 긴장을 해소하기 위해 몇 가지 제도를 마련했다. 첫째, 저작권 보호 기간 제도다. 대부분 국가에서(한국 포함) 저작자 사후 70년으로 보호 기간을 제한한 것은, 창작자에게 경제적 생계 기반을 충분히 보장해주되, 일정 시간이 흐른 뒤에는 그 유산을 사회 전체가 함께 나누자는 인류적 타협의 결과다.

둘째, 법정허락 제도(Compulsory Licensing)가 있다. 이는 저작권자의 허락을 구하기 어려운 특수한 상황에서도 일정 조건을 충족하면 저작물을 활용할 수 있게 하는 제도다. 교육용 이용, 공공방송, 또는 정보 접근이 어려운 시각장애인을 위한 형태변환 제작 등이 이에 해당한다. 이 제도는 '개인의 재산권 보호'와 '사회적 접근권 보장'이라는 두 가치를 조화시키는 장치다.

셋째, 이 균형의 핵심적인 안전판이 바로 공정 이용(Fair Use) 제도다. '허락 없이도 저작물을 사용할 수 있는 예외 규정'이지만, 이를 무제한 허용으로 오해해서는 안 된다. 이 제도는 창작자의 정당한 이익을 해치지 않는 범위 안에서,

비평이나 뉴스 보도, 교육 등 사회적 가치가 더 큰 활용을 법적으로 보호해준다. 저작권이 지나치게 창작을 가로막지 않도록 마련된 일종의 비상구인 셈이다.

이제 저작권은 단순히 '하지 말라'는 금지 명령이 아니라, 창작의 선순환을 위해 사회가 함께 마련한 약속과 합의의 체계가 되었다. 창작자가 정당한 보상을 받아야 다음 작품을 만들 수 있고, 우리 사회는 그 소중한 결실을 향유하며 미래의 문화를 쌓아갈 수 있기 때문이다. 저작권은 창작을 가로막는 장벽도, 모든 것을 허용하는 면책 조항도 아니다. 창작물은 개인의 열정이 담긴 사유재산인 동시에, 인류가 함께 축적해온 문화적 토양이기도 하다. 결국 저작권은 창작자가 보호의 확신을 얻고, 동시에 새로운 창작자들이 선배들의 어깨 위에서 마음껏 도약할 수 있도록 돕는 '지속 가능한 균형의 미학'인 셈이다.

창작자의 감각 - 균형성

저작권은 권리 보호와 공정 이용 사이의 균형을 찾는 과정이다. 법정허락, 공정 이용, 퍼블릭 도메인은 저작권의 장벽 효과를 완화한다. 금지가 아닌 균형의 언어로 계속 조정되고 확장하며 저작권의 진화는 계속되고 있다.

저작자, 저작권자, 조수 중

저작권은 누구에게 있는가

·

저작권의 세계에 발을 들이기 전, 우리는 반드시 세 가지 핵심 주체를 명확히 구분해야 한다. 바로 작품을 낳는 저작자, 그 작품의 경제적 가치를 소유한 저작권자, 그리고 창작의 과정을 돕는 조수다.

저작자(author)가 작품에 생명력을 불어넣은 창작의 원천이라면, 저작권자는 그 결과물에서 발생하는 경제적 결실을 수확하는 주체다. 물론 대부분은 저작자가 곧 저작권자가 되지만, 현대의 복잡한 산업 구조 속에서는 계약이나 고용 관계에 따라 이 둘이 분리되는 경우가 많다. 반면 조수는 창작의 여정을 함께하는 든든한 조력자이지만, 스스로 독창적인 표현을 창출해내지 않는 한 법적 저작자가 되지는 않는다. 이들은 모두 하나의 창작물이라는 궤도 위에 있지만, 그들이 행사할 수 있는 법적 지위와 권한은 엄연히 다른 영역에 속한다.

저작자는 법적으로 "인간의 사상이나 감정을 독창적으로 표현한 사람"을 의미한다. 아이디어 그 자체로는 보호되지 않으며, 창작성이 드러난 구체적 표현이 있을 때 비로소 저작물로 인정받는다. 이에 해당 표현을 실제로 빚어낸 이가 바로 저작자다. 저작자는 자신의 작품에 대해 타인에게 양도할 수 없는 고유한 권리인 '저작인격권'을 가진다. 여기에는 작품을 언제 공개할지 결정하는 공표권, 이름이나 필명을 표시할 권리인 성명표시권, 그리고 작가의 의도와 다르게 작품이 훼손되지 않도록 지켜내는 동일성 유지권이 포함된다. 법이 창작의 원천인 저작자를 가장 우선하여 보호하는 이유는, 작품 안에 깃든 인간의 정신적 가치를 존중하기 때문이다.

반면에 저작권자(copyright holder)는 저작물을 경제적으로 활용하여 수익을 창출할 수 있는 개인이나 법인을 뜻한다. 저작재산권에는 복제권, 배포권, 공연·방송권, 그리고 원작을 바탕으로 새로운 콘텐츠를 만드는 2차적 저작물 작성권 등이 포함된다. 창작자는 이 권리를 스스로 행사할 수도 있지만, 출판사나 제작사, 플랫폼이나 투자자와의 계약을 통해 권리의 일부 또는 전부를 이전하거나 양도하기도 한다. 대표적인 사례로 존 레넌과 폴 매카트니의 비틀즈 음악 저작권이 마이클 잭슨에게 넘어간 사건이 있다. 두 사람이 곡을 썼음에도 불구하고, 저작권 관리 회사의 지분이 매각되면서 경제적 권리가 아티스트의 손을 떠나 마이클 잭슨과 이후 소니 그룹의 소유가 되었다.

한국에서도 아이돌 그룹의 음원 저작권이 기획사나 투자사에 귀속되거나, 웹툰과 책의 지식재산권이 플랫폼에 묶이는 사례가 빈번하다. 결국 창작자는 '표현'의 주체이고, 저작권자는 그 표현을 자본주의 시장에서 활용할 권리를 가진 주체라는 점에서 두 개념은 구분된다.

창작과 법적 인정 사이의 경계선

조수(assistant)는 작품 제작 과정에서 기술적·보조적 임무를 수행하는 사람일 뿐, 창작적 표현의 핵심에 기여하지 않는 이상 법적 저작자로 인정되지 않는다. 예를 들어, 밑그림을 맡는 채색 보조, 디지털 정리, 단순한 스케치 보완 등은 창작을 돕는 것에 가까우므로 저작권이 발생하지 않는다. 이 원칙은 미술, 음악, 만화, 디자인 등 거의 모든 창작 산업에서 동일하게 적용된다. 하지만 조수의 입장에서는 다소 억울하지 않을까?

과거 르네상스 시대에도 조수는 존재했다. 레오나르도 다빈치는 대형 프로젝트나 작업실 운영 과정에서 많은 제자와 조수를 두었지만, 핵심 표현과 구성의 결정권이 다빈치에게 있었기에 오늘날 우리는 그를 단독 저작자로 부른다. 현대 미술의 거장인 데이미언 허스트(Damien Hirst) 역시 작품의 상당 부분을 조수들이 물리적으로 제작하지만, 작품의 개념과 형식, 색감과 구조를 설계하고 결정한 주체가 허스트였기에 그의 저작자로서의 지위는 공고하다. 만화 산업 또한 인기 작가들은 살인적인 마감 스케줄을 감당하기 위해 채색·배경·톤 붙이기 등을 담당하는 조수를 두지만, 캐릭터 설정과 서사의 줄기, 결정적인 연출을 결정한 이만이 법적 저작자가 된다. 한마디로 저작권은 '손을 움직인 사람'이 아니라 '표현을 창조한 사람'에게 귀속된다. 이는 법이 창작의 노동력이 아니라 창작의 정신과 결정권을 보호한다는 점을 명확하게 보여준다.

그렇다면 함께 만들었을 때 권리는 어떻게 될까? 둘 이상의 사람이 창작에 관여했을 때 그 결과물이 공동저작물인지 여부는 매우 예민한 법적 쟁점이다. 법적으로 공동저작물로 인정받기 위해서는 세 가지 엄격한 요건이 충족되어야 한다. 첫째, 당사자들 사이에 하나의 창작물을 만들겠다는 명확한 '공동 창작 의사'가 존재해야 한다. 둘째, 단순한 아이디어 제공을 넘어 창작성 있는 표현 형식에 '실질적으로 기여'해야 한다. 셋째, 각자의 기여분이 독립적으로 분리되어 이용될 수 없을 만큼 결합하여 하나의 완성물을 이루어야 한다.

한국 대법원 역시 이러한 기준을 엄격히 적용하고 있다.[2] 웹툰 공동저작 분쟁에서 아이디어 제안 및 방향만 제시한 플랫폼 운영자를 공동저작자로 인정하지 않은 판결이 대표적이다.[3] 법은 단순한 조언이나 운영 지원, 보조 업무는 저작자 인정 사유로 보지 않으며, 오직 실질적인 창작자만을 보호한다.

1996년 초연된 미국의 오프 브로드웨이 뮤지컬 <렌트(Rent)> 사건(Larson v. Thomson)은 이 경계가 얼마나 엄중한지를 보여주는 또 다른 사례다. 원작자 조녀선 라슨의 사후, 드라마터그였던 린 톰슨은 자신이 대본의 3분의 1에 창작적 기여를 했다며 공동저작자 지위를 주장했으나 법원은 이를 기각했다. 라슨은 생전에 자신을 단독 저작자라고 주장했으며, 톰슨의 역할이 편집과 조언에 머물렀고, 무엇보다 두 사람 사이에 공동 창작에 대한 합의가 없었기 때문이다. 이 판결은 "일부 기여가 있었다는 사실만으로 공동저작자가 되는 것은 아니다"라는 원칙을 다시금 확인해주었다.

비슷한 잣대는 영화 <말콤 X>(Aalmuhammed v. Lee) 사례에서도 나타난다. 제작 과정에서 종교적 검수와 대본 수정을 도왔던 자문가는 자신의 기여가 필수적이었다고 항변했으나, 법원은 그의 지위를 부정했다. 판단의 핵심은 '창작물의 최종 결정권과 통제권'이 누구에게 있었느냐는 점이었다. 최종적으로 작품의 방향과 내용을 확정지을 권한이 없다면, 아무리 훌륭한 조언자라 해도 저작자가 될 수는 없다.

한국에서도 공동저작권 분쟁은 특히 협업이 필수적인 웹툰, 드라마, 공연 분야에서 곧잘 분출하곤 한다. 하나의 작품을 여러 전문가가 기워 만드는 구조가 일반화되면서 기여도와 수익 분배가 갈등의 핵심이 되기 때문이다. 가령 스토리 작가와 그림 작가는 표현 방식은 다르지만 서로의 기여가 분리될 수 없는 하나의 작품을 완성한다는 점에서 법적으로 공동저작물로 인정받는 경우가 많다.[4]

연극 <친정엄마> 사건에서도 수필을 각색한 작가와 원작자와 사이의 결합이 독립적으로 분리될 수 없다는 점을 들어 공동저작물 판결이 내려졌다.[5] 여기서 흥미로운 점은, 공동저작자 중 한 명이 다른 이의 동의 없이 작품을 이용하더라도 그것을 곧장 저작권 침해로 보지는 않는다는 대목이다.

공동저작권 문제는 단순히 법 해석의 영역에 머물지 않는다. 그것은 작품의 주도권, 작가로서의 명성, 그리고 막대한 수익 배분 구조가 얽힌 복잡한 권력 투쟁의 장이다. 그렇기 때문에 이 갈등은 종종 감정적인 앙금과 산업적 이해관계가 뒤엉켜 다른 분쟁보다 치열하게 진행되기도 한다.

결국 저작자, 저작권자, 그리고 조수를 구분하는 일은 창작 과정의 공정성과 산업 구조의 정의를 결정짓는 중대한 기준이다. 공동저작자 제도는 협업의 시대에 반드시 필요하지만, 무분별하게 확대될 경우 오히려 창작의 자유를 옥죄는 족쇄가 될 수도 있다. 저작권은 단순히 소유권의 선포가 아니라, 창작자의 권리 보호와 산업 생태계의 번영 사이에서 정교하게 설계된 균형 장치여야 한다. 이 균형의 추가 어디로 기울지를 결정하는 것이 바로 콘텐츠 시대를 살아가는 우리 모두의 과제다.

창작자의 감각 – 창작과 소유

법은 독창적 표현을 만든 창작자를 중심으로 권리를 배분하지만, 저작권자는 경제적 권리의 주체이며, 창작자와 반드시 일치하는 것은 아니다. 또한 공동저작은 명확한 공동 창작 의사와 실질적 표현의 결합이 있을 때만 인정된다.

•

'작가는 누구인가?' 이 질문은 예술의 본질과 창작의 윤리를 근본적으로 흔드는 본질적 문제다. 현대 예술은 이 질문에 끊임없이 도전해왔다. '손으로 직접 만들지 않아도 작가일 수 있는가?', '아이디어를 설계한 이와 그것을 물리적으로 제작한 이가 다를 때, 누가 창작자인가?'

이 질문에 가장 먼저 도전장을 던진 인물은 마르셀 뒤샹이다. 그는 1917년 뉴욕의 한 전시장에 기성품 소변기를 출품하며 제목을 <샘(Fountain)>, 작가명을 'R. Mutt'라고 붙였다. 그의 행위는 예술가의 단순한 기행이 아니라, 예술의 개념을 전복하는 거대한 시도였다. 예술은 숙련된 손이 아니라 치열한 사유로 만드는 것임을 선언한 셈이다. 이후 그는 <모나리자> 복제 엽서에 수염을 그려 넣고 'L.H.O.O.Q'라는 발칙한 제목을 붙였다. 프랑스어로 '그녀의 엉덩이는 뜨겁다'라는 뜻이었다. 그의 유쾌한 전복은 예술이 기술 중심에서 개념 중심으로 나아가는 결정적 단초가 되었다.

뒤샹의 철학은 솔 르윗(Sol LeWitt)과 앤디 워홀로 이어졌다. 르윗은 작품의 설계도만 제공하고 실제 제작은 조수에게 맡겼으며, 워홀은 자신의 작업실인 '팩토리(The Factory)'에서 조수들을 지휘해 실크스크린 작품을 대량 생산했다. 이들이 던진 메시지는 명확했다. 예술가는 물리적 노동자가 아니라 '의도를 설계하고 지휘하는 사람'이라는 것이다.

이러한 현대 미술의 문법은 한국에서 가수 조영남 씨의 화투 그림 논란으로 법정의 심판대에 올랐다. 조수가 그린 그림을 자신의 이름으로 전시·판매했다는 이유로 1심에서는 유죄가 선고되었으나, 대법원의 최종 판단은 달랐다. 대법원은 조영남 씨에게 무죄를 선고하며 현대 미술의 개념적 변화를 수용했다. "작품의 아이디어를 제공하고 전체 과정을 기획·지시했다면, 물리적인 작업의 상당 부분을 조수가 수행했더라도 이를 작가의 저작물로 인정할 수 있다"는 취지였다. 이 판결은 창작의 범주를 획기적으로 넓혔다. 이제 창작자는 정교한 기술자가 아니라, 오케스트라의 지휘

자처럼 발상과 철학, 그리고 제작의 전 과정을 통솔하는 존재로 정의된다.

하지만 이 논리는 문학과 출판계로 넘어오면 훨씬 더 복잡하고 위험한 양상을 띤다. 바로 '고스트 라이터(ghostwriter)', 즉 대필 작가라는 존재 때문이다. 실제 글을 쓰는 사람은 따로 있지만, 출간된 책의 표지에는 화려한 유명인의 이름만이 표기된다. 대필 작가는 철저히 익명 뒤에 숨어 계약과 동시에 사라지며, 저작권료와 인세라는 정당한 보상의 궤도에서도 이탈한다. 출판사는 '저자 브랜드'라는 환상을 팔고, 독자는 그 뒤에 숨은 진짜 목소리를 듣지 못한다.

이 구조의 치명적인 결함은 '은폐'를 전제로 한다는 점이다. 저작권법은 추상적인 아이디어가 아닌 구체적인 '표현'을 보호한다. 따라서 법리적으로만 따진다면 문장을 실제로 집필한 대필 작가가 저작자로 인정받아야 마땅하다. 그러나 현실의 시장에서 작가는 거대한 브랜드가 되고, 진짜 작가는 그림자 속에 유폐된다. 이는 창작자의 권익을 침해할 뿐만 아니라 독자와의 신뢰를 저버리는 윤리적 파산을 의미한다.

최근 웹소설 업계는 이러한 기형적 구조를 '공장화'하며 한층 더 가속하고 있다. 살인적인 연재 속도를 맞추기 위해 프로덕션 단위로 외주 대필 작가 시스템을 가동하는 것이다. 원작자의 이름이라는 깃발 아래 제3의 작가들이 문장을 써 내려가지만, 독자들은 이 사실을 전혀 알지 못한다. 베일에 싸인 집필 구조는 '누가 진짜 작가인가'라는 질문을 더욱 미궁 속으로 밀어 넣는다.

반면 만화계의 협업 시스템은 훌륭한 대조군을 형성한다. 만화는 주간 연재라는 가혹한 시스템 속에서 태생적으로 협업을 전제로 발전해왔다. 어시스턴트가 선화나 배경, 채색을 맡는다는 사실은 결코 비밀이 아니다. 독자들은 작가가 모든 칸을 홀로 채우지 않는다는 사실을 이미 인지하고 있으며, 어시스턴트가 작가와 나란히 방송에 출연하거나 자신의 이름을 걸고 데뷔하는 일도 자연스럽다. 만화계는 창작의 민낯을 가리는 대신, 공동 작업이라는 구조를 투명하게 드러낸다. 고스트 라이터 시스템과의 결정적인 차이는 바로 이 '투명성'에 있다.

이것은 누구의 목소리인가

조영남의 무죄 판결, 고스트 라이터의 그림자, 그리고 만화계의 공개 협업. 이 세 가지 풍경은 결국 하나의 질문으로 수렴된다. '작가는 누구인가?' 단순히 손을 움직인 사람이 작가인가, 아니면 아이디어를 제공하고 전체를 설계한 사람이 작가일까? 오늘날 창작의 정의는 이 사이에서 새롭게 정립되고 있다. 창작은 더 이상 고독한 1인의 투쟁이 아닐 수 있다. 그러나 어떤 협업 구조를 취하든 반드시 지켜야 할 원칙이 있다. 바로 '누가 무엇을 기여했는가'를 명확히 드러내는 정직함이다.

문학에서 작가의 이름은 단순한 상표가 아니라 작가의 정체성이자 브랜드다. 그 이름 아래 놓인 문장이 타인의 손에서 빌려온 것이라면, 독자의 신뢰는 무참히 무너질 수밖에 없다. 그렇기에 출판과 문학의 세계는 더욱 투명해야 한다. 최근 일부 도서에서 'OOO 지음, OOO 구성'과 같이 기여를 명시하는 흐름은 매우 고무적이다. 창작은 연대와 협력의 산물일 수 있지만, 그 과정은 반드시 정직해야 한다.

이제 창작자는 단순한 콘텐츠 생산자가 아니라 기획자이자 설계자, 그리고 자신의 창작 과정을 설명하고 책임지는 '커뮤니케이터'로서의 정체성을 요구받는다. 독자들은 갈수록 작가의 진정성과 윤리적 기반을 예민하게 살핀다. 창작 구조를 투명하게 밝히는 것은 단순히 법적 의무를 다하는 일이 아니다. 그것은 독자와의 지속 가능한 관계를 만들고, 창작자로서 윤리적 자존감을 지켜내는 길이기도 하다.

창작의 본질은 건강한 협업과 연대 위에 세워진다. 문제는 그 연결고리를 '드러내느냐, 숨기느냐'의 차이다. 우리 시대가 진정으로 원하는 작가는 '혼자서 다 한 천재 작가'가 아니라, 자신이 누구의 어깨 위에서 누구와 함께 어떤 길을 걸어왔는지를 고백할 줄 아는 작가다.

창작자의 감각 – 투명성

작가는 직접 쓰고 만드는 사람인가, 설계하고 지휘하는 사람인가? 현대의 창작자는 '기여도'와 '투명성'으로 그 가치를 평가받아야 한다. 창작의 진정한 권력은 화려한 이름이 아니라 투명한 진실함에 달려 있다.

창작의 자유는

어디까지
인정되는가

·

창작은 본질적으로 자유를 전제로 한다. 인간은 자신이 보고 듣고 느낀 경험을 재료 삼아 표현을 빚어낸다. 그러나 창작물이 개별 자산으로 인정받고 거래되며 산업의 핵심 자원으로 부상하면서, 창작의 자유는 더 이상 무제한의 영역에 머무를 수 없게 되었다. '내 소중한 창작물을 지켜달라'는 창작자의 요구와 '표현의 씨앗은 공유되어야 한다'는 사회적 요구가 팽팽하게 맞붙는다. '어디까지가 자유이고 어디부터가 침해인가?'라는 질문에 저작권법은 완벽한 답을 내놓지 못한다. 다만 우리 사회가 창작자와 이용자 사이에서 어렵게 도출한 합의를 통해, 보호와 자유가 공존할 수 있는

가느다란 경계선을 그어왔을 뿐이다.

저작권법의 대원칙은 '아이디어와 표현의 이분법(Idea-Expression Dichotomy)'에 기반한다. 아이디어는 누구나 자유롭게 사용할 수 있는 공공의 재산으로 두되, 그 아이디어가 구체적으로 형상화된 '표현'만을 보호한다는 원칙이다. 즉, 누구나 영웅 서사 구조를 사용할 수 있고, 특정 장르의 문법을 변주할 수 있다. 그러나 특정 멜로디, 독창적인 시각적 구성, 고유한 문체나 장면의 구도 같은 구체적인 표현을 그대로 도용한다면 침해 가능성에서 벗어나기 어렵다. 문제는 이 둘의 경계가 명확하지 않다는 점이다.

영웅의 고난이나 연인들의 이별, 블루스의 전형적인 코드 진행은 아이디어의 영역이다. 반면 그 안에서 울려 퍼지는 선율의 굴곡이나 문장의 리듬, 이미지의 배치는 보호받아야 할 표현의 범주에 속한다. 이 경계가 흐릿해지는 지점에서 법은 단순한 비교를 넘어 창작의 맥락, 변형의 정도, 그리고 사회적 기능까지를 종합적으로 저울질한다. 결국 저작권은 절대적인 규칙이 아니라, 시대가 쌓아온 사회적 해석과 끊임없는 합의의 산물이다.

음악과 미술에서의 바운더리

음악 분야는 저작권 논쟁이 가장 치열한 영역 중 하나다. 대표적 사례가 마빈 게이 유족과 로빈 시크(Robin Thicke)·퍼렐 윌리엄스(Pharrell Williams) 사이의 <블러드 라인(Blurred Lines)> 사건이다. 2013년 로빈 시크와 퍼렐이 발표한 이 곡이 세계적으로 히트하자, 비평가들은 이 곡이 마빈 게이(Marvin Gaye)의 1977년 명곡 <갓 투 기브 잇 업(Got to Give It Up)>과 지나치게 닮았다고 꼬집었다. 핵심 쟁점은 가사나 선율 같은 가시적인 요소가 아니라, 곡의 전체적인 그루브와 스타일의 유사성만으로 침해가 성립하느냐였다. 당시 미국 법정은 기술적인 한계로 원곡의 녹음본을 직접 비교하지 못하고 악보(lead sheet)에 기재된 요소만을 기준으로 판단했음에도 불구하고, 2015년 배심원단은 저작권 침해를 인정했다. 최종 배상액이 약 500만 달러(한화 약 55억 원)에 달했던 이 판결은, 음악 창작의 세계에서 스타일의 유사성조차 표절의 멍에를 쓸 수 있음을 보여준 선례가 되었다.

그러나 법이 언제나 창작의 발목을 잡는 것은 아니다. 반대 방향의 판례도 엄연히 존재한다. 모차르트의 고전을 재즈로 편곡하거나, 클래식의 품격 위에 전자음악의 세련미를 덧입힌 시도들은 당당히 새로운 창작물로 인정받는다.

원곡의 뼈대는 남아 있을지언정, 표현 방식이 근본적으로 달라져 독자적인 정체성을 확보했다는 판단이다. 이는 차용과 변형이 단순한 침해를 넘어 '창조적 계승'으로 승화될 수 있음을 시사한다.

전설적인 밴드 레드 제플린(Led Zeppelin)을 상대로 제기된 <스테어웨이 투 헤븐(Stairway to Heaven)> 소송 또한 중요한 이정표다. 곡의 도입부 기타 연주가 밴드 스피리트(Spirit)의 <타우루스(Taurus)>와 유사하다며 제기된 이 분쟁에서, 법원은 6년여의 공방 끝에 레드 제플린의 손을 들어주었다. 문제가 된 코드 진행이 특정인의 독점물이 아니라 해당 장르에서 보편적으로 사용되는 '관습적 표현'에 해당한다고 본 것이다. 이 판결은 유사성의 잣대가 단순한 음표의 비교가 아니라, 해당 표현이 보호받을 만한 독창성을 갖췄느냐에 있음을 명확히 했다.

미술계 역시 차용과 변형을 둘러싼 논쟁이 끊이지 않았다. 특히 패러디는 가장 흥미로운 영역이다. 원작을 비틀어 풍자하거나 비평하려는 목적이 뚜렷하다면, 설령 원작과 외형이 흡사하더라도 법적 보호를 받는다. 예술이 지닌 사회적 비판 기능을 수호하기 위해 법이 의도적으로 자유의 숨구멍을 열어둔 것이다. 반면 유명 브랜드의 로고를 차용하는 팝아트의 경우 판단은 더욱 세밀해진다. 예술적 메시지가 상업적 이용이라는 목적에 압도되는 순간, 공정 이용의 방패는 힘을 잃고 침해의 칼날이 날아든다. 법은 작품의 캔버스 너머 작가의 의도와 이용의 맥락까지 집요하게 들여다보기 때문이다.

가장 최근의 결정적인 사례는 앤디 워홀의 '프린스 초상화' 사건이다.[6] 사진작가 린 골드스미스(Lynn Goldsmith)가 1981년 촬영한 가수 프린스의 사진*을 워홀이 무단 사용해 실크스크린 시리즈를 제작하자, 워홀 재단과 작가 사이에 소유권 전쟁이 벌어졌다. 재단 측은 워홀의 예술적 재구성이 원본과는 전혀 다른 가치를 지닌 '변형적 이용'이기에 공정 이용이라고 주장했다.

그러나 2023년 미국 연방대법원은 골드스미스의 손을 들어주었다. 워홀의 작품이 예술적 가치는 높을지언정 시장에서는 결국 원본 사진과 경쟁 관계에 놓일 수 있으며 단순한 시각적 변형만으로는 저작권의 책임에서 자유로울 수 없다는 판결이었다. 이 판결은 2차 창작과 팝아트, 샘플링의 세계에 새로운 법적 표준을 제시하며 전 세계 창작자들에게 긴장감을 불어넣었다.

*
골드스미스가 찍은
프린스 사진(1981)

패러디는 자유인가, 침해인가

영화는 저작권의 경계가 가장 뚜렷하면서도 모호한 영역이다. <무서운 영화(Scary Movie)> 시리즈처럼 노골적으로 유명 영화 장면을 차용했지만 풍자와 비평 기능을 수행했다는 이유로 법적으로 생존한 사례가 있는 반면에, 인기 영화의 설정과 장면을 슬쩍 가져와 제목만 바꾸고 관객을 유혹하는 '카피캣'들은 여지없이 침해로 분류된다. 디즈니나 마블, 픽사가 패러디에는 관대하면서도 상업적 모방물에는 엄격하게 칼날을 휘두르는 이유가 여기에 있다. 법이 패러디를 단순 모방이 아니라 사회적 대화에 기여하는 창작 행위로 보기 때문이다.

출판 분야 역시 겉으로는 명확해 보이지만, 실제 분쟁은 단순하지 않다. 학술적 연구나 비평, 교육을 위한 인용은 사회적 지식의 순환을 위해 비교적 넓게 허용되는 반면, 문장 구조나 서사의 전개 방식, 작가 특유의 문체가 비슷해지면 이야기가 달라진다. 비록 내용이 다르더라도 독자가 동일한 창작적 정체성을 느낀다면, 법원은 이를 침해로 판단할 가능성이 크다. 쓰기에서의 '스타일' 또한 음악의 멜로디처럼 보호받아야 할 독창적 표현의 영역으로 편입되고 있다.

결국 이 판례들은 딱딱한 법적 판결문을 넘어, 우리 시대가 창작을 어떻게 정의하고 예술을 어떻게 이해하는지를 보여주는 거울이다. 분쟁의 본질은 단순히 '베꼈는가'에 있지 않다. 그것은 창작의 진정한 의미는 무엇인지, 선배의 유산과 나의 표현은 어디서 갈라지는지, 급변하는 기술 속에서 예술의 영토는 어디까지인지를 묻는 시대적 질문이다.

새로운 기술이 등장할 때마다 법은 그 경계를 다시 그렸다. 샘플링 음악이 처음 등장했을 때, 법은 음악이라는 개념을 다시 정의해야 했고, 디지털 아트가 등장했을 때는 '원본'의 신화를 다시 검토했다. 판례는 고정된 규칙이 아니라 끊임없이 갱신되는 시대의 해석이다. 각각의 판결이 모든 갈등의 해답이 될 수는 없겠지만, 그 치열한 논쟁의 과정 자체가 우리 시대 창작을 바라보는 방식을 넓혀가고 있다. 결국 저작권은 창작을 멈추게 하는 규칙이 아니라, 창작이 계속될 수 있도록 방향을 제시하는 질문의 언어다.

창작자의 감각 – 저작권의 경계

저작권은 보호와 이용의 경계에서 최적의 균형을 찾아가는 여정이며, 판례는 우리 사회가 창작을 해석하고 정의해온 기록이다. 저작권은 새로운 표현이 지속 가능하도록 끊임없이 질문을 던지는 합의 체계다.

경계

무엇이 창작이고,
무엇이 카피인가

똑같은 장소에서 똑같은 대상을 찍었는데, 왜 누군가는 '영감'이라 칭송하고, 누군가는 '표절'이라 비난할까?

창작자는 늘 그 한 끗 차이 앞에서 망설인다. 모든 창작은 타인의 유산 위에 서 있지만, 그 결과물이 너무 닮아버리는 순간 작품은 순식간에 의심의 심판대에 오른다. 이 장에서는 이 흐릿한 회색지대를 선명하게 들여다보고자 한다. 아이디어는 공유하되 표현은 보호한다는 저작권법의 원칙이 왜 창작의 자유를 지키는 동시에 표절의 경계선을 세우는지, 같은 소재를 어떻게 '나답게' 번역해야 안전하고도 깊은 창작이 되는지 살펴본다. 우리는 구체적인 사례를 통해 그 경계선을 입체적으로 그려볼 것이다.

법원이 판단하는 '실질적 유사성'의 까다로운 기준부터, 윤리적 비난인 '표절'과 법적 책임인 '침해'가 어떻게 다른 궤도로 움직이는지, 나아가 '무의식적 차용'이라는 함정에서 어떻게 빠져나올지도 함께 살핀다. 창작자가 막연한 공포에 갇히지 않도록 어디까지가 허용되는 참고이며, 어디서부터가 반드시 지워야 할 흔적인지에 대한 실전 가이드를 정리할 것이다. 이는 카피와 표절을 슬쩍 피하는 기술을 넘어, 영감을 완벽히 소화해 독창적인 '내 것'으로 완성하는 창작자의 생존법이 될 것이다.

＊

표절에 대한 두려움은 왜 늘 창작자의 곁을 따라다니는 걸까? 모든 창작은 필연적으로 기존의 유산으로부터 출발한다. 우리는 타인의 작품에서 영감을 얻고, 그 영감을 자양분 삼아 새로운 세계를 구축한다. 그러나 그 경계가 흐릿해지는 찰나, 우리는 '표절'이라는 날 선 의심과 마주하게 된다.

이 갈림길에서 우리를 구해줄 유일한 지표는 앞서 살펴본 '아이디어와 표현의 경계'를 실전에서 어떻게 운용하느냐에 달려 있다. 법적으로 아이디어는 공유의 대상이지만, 표현은 보호의 영역이다. '씨 뿌리는 농부'라는 주제(아이디어)는 인류 공통의 것이지만, 이를 어떤 구도와 색채, 스타일로 캔버스에 옮기느냐는 오롯이 작가만의 고유한 표현이다. 결국 창작과 표절을 가르는 결정적 한 끗은 '무엇을 말하는가'가 아니라 '어떻게 나답게 풀어냈는가'에 있다.

전 세계를 사로잡은 『해리 포터』를 보자. '고아 소년이 마법 학교에 입학해 성장한다'는 설정은 신화부터 전해져 내려온 흔한 서사적 아이디어다. 하지만 조앤 롤링은 이를 치밀한 마법 세계의 구조와 질서, 생생한 캐릭터, 독창적인 마법 도구들이라는 세부적인 표현으로 채워 넣음으로써 누구도 흉내 낼 수 없는 독보적인 발자취를 남겼다.

미술사에서도 이러한 '자기화(personalization)'의 정수가 선명하게 드러난다. 빈센트 반 고흐는 자신의 정신적 아버지라 불렀던 밀레의 작품을 무려 26점 이상 모작했다.* <씨 뿌리는 농부>, <낮잠>, <이삭 줍는 여인들> 등은 제목과 구도마저 밀레의 원작을 그대로 따르고 있다. 그럼에도 고흐의 모작이 '표절'이 아닌 위대한 '창작'으로 추앙받는 이유는 무엇일까? 둘의 그림을 비교해보면, 형태는 닮았되 영혼은 전혀 다르다. 고흐의 그림에는 고독과 불안, 내면의 떨림이라는 그만의 감정이 흐른다. 이것이 바로 '자기화된 모방'의 힘이다. 피카소 또한 대가들의 구도와 구성을 서슴없이 가져왔지만, 그것을 입체적으로 해체하고 기하

*
고흐의
모사 작품들

학적으로 재조립함으로써 익숙한 장면을 철저히 낯설게 만들었다. 원작의 흔적은 남아 있지만 철저하게 '다른 그림'이 된 것이다.

예술은 언제나 과거로부터 출발하며 영향을 받지 않는 창작은 없다. 중요한 것은 그 영향을 어떻게 소화했느냐, '자기화'했느냐에 있다. 단순한 베끼기는 타인의 그림자에 유폐될 뿐이지만, 창작자의 철학과 시선, 치열한 해석이 덧입혀지는 순간 그것은 독립된 창작으로 인정받는다. 이때 중요한 것은 창작자 스스로가 느끼는 자존감, 성실함, 몰입감, 감탄력 같은 내면적 힘이다.

창작과 표절의 경계는 단순히 법의 판단으로만 결정되지 않는다. 그것은 창작자가 대상을 대하는 태도와 윤리의식, 그리고 자신의 감각을 믿고 밀어붙이는 내면의 힘에서 결정된다. 타인의 영감에 감탄하되, 그 감정을 내 안에서 충분히 곱씹고 소화하여 나만의 언어로 뱉어내는 '감정의 소화력'이야말로 창작의 진짜 에너지다. 그 과정에서 필요한 것은 기술보다 감각이다. 감탄할 줄 아는 마음, 진심을 담는 태도, 그리고 그 감정을 자기 안에서 오래 곱씹고 소화해내는 힘. 창작의 에너지는 거기서 시작된다.

표절은 남의 옷을 입고 나인 척하는 것이고, 창작은 남의 원단으로 나만의 옷을 새롭게 지어내는 일이다. 창작은 오롯이 나로부터 출발해야 한다. 그 미세한 차이를 이해하고, 스스로 증명해낼 때, 우리는 비로소 진정한 창작자가 될 수 있다.

창작자의 감각 – 자기화

창작은 결국 '같은 것을 얼마나 다르게 말할 수 있는가'의 싸움이다. 아이디어는 누구나 공유할 수 있지만, 표현은 나만의 감각으로 번역해야 한다. 창작의 진정한 힘은 완벽한 자기화에 있다.

같은 풍경을 보고

다르게
말하는 힘

•

강원도 삼척의 작은 섬 하나를 포착한 사진 한 장이 대한민국 법정을 뜨겁게 달군 적이 있다. 영국의 사진작가 마이클 케나(Michael Kenna)가 촬영한 '솔섬' 사진 이야기다. 그의 사진을 연상시키는 사진이 여행 사진 공모전에서 입상한 후 대형 광고에까지 등장하면서 저작권 침해 논란이 불붙었다.* 마이클 케나는 자신의 독창적인 시선이 도용당했다며 소송을 제기했고, 이 사건은 단순한 표절 시비를 넘어 사진이라는 예술 형식에서 '보호받아야 할 표현'의 한계가 어디까지인지를 묻는 상징

*
마이클 케나의
'솔섬' 사진과 공모전 입상작

적인 사건이 되었다.

　사진은 본질적으로 현실을 포착하는 예술이다. 그러나 현실을 기계적으로 기록하는 것과, 창작자의 주관을 투영해 표현하는 것은 전혀 다른 차원의 일이다. 같은 장소에서 같은 사물을 찍었다 하더라도 구도와 빛, 색감, 그리고 찰나를 낚아채는 셔터 타이밍에 따라 전혀 다른 이미지가 완성된다. 사진은 이제 더 이상 피사체를 담는 기계 장치가 아니라 작가의 눈과 마음이 개입된 하나의 독자적인 언어(표현)가 된다.

　마이클 케나의 솔섬 사진 사건에서 법원이 주목한 것도 바로 '표현의 실질적 유사성'이었다. 케나의 사진과 문제의 사진은 같은 장소, 비슷한 구성이라는 공통점이 있었다. 하지만 법원은 두 사진이 촬영된 시기, 계절, 빛의 방향, 색감, 해무의 밀도 등에서 '분명한' 차이를 보인다고 판단했다.

　특히 케나 특유의 몽환적인 톤과 시간이 멈춘 듯한 정적은 단순한 구도의 모방만으로는 도달할 수 없는 작가 고유의 창작물이라고 보았다. 법원은 "자연물인 솔섬의 실루엣 자체는 누구나 촬영할 수 있는 공공 자산이며, 그 장면을 담는다는 아이디어에는 독점권이 없다"고 명시했다. 하지만 그 아이디어를 구체화하는 과정에서 작가만의 개성과 감각이 투영되었다면, 그 결과물인 '표현'은 적극적인 보호의 대상이 된다.

이와 유사한 미국의 판례도 있다. 뉴올리언스의 세인트루이스 대성당을 촬영한 두 작가의 법적 분쟁*에서 미국 법원은 "사진은 같은 피사체를 찍었다 해도 촬영자의 개성과 표현이 드러나야 보호 대상이 된다"고 판시했다. 풍경은 누구에게나 열려 있지만, 특정 작가의 고유한 사진을 그대로 복제하려는 시도는 법적·윤리적 책임을 피하기 어렵다.

결국 법이 판단하는 저울의 양 끝에는 두 가지 기준이 놓여 있다. 첫째, 표현에 창작자의 개성이 얼마나 담겨 있는가. 둘째, 두 표현 사이에 실질적인 유사성이 존재하는가. 단순히 같은 장소에서 비슷한 구도로 촬영했다는 이유만으로는 침해로 보기 어렵다. 하지만 기존 작가의 고유한 화법을 그대로 재현하려는 고의성이 결합될 경우 법의 잣대는 엄격해진다.

사진도 결국 '무엇을'보다 '어떻게'가 중요한 예술이다. 같은 풍경을 찍어도 어떤 이는 고요함을 담고 어떤 이는 생동감을 담는다. 누군가는 외로움을 담고 누군가는 희망을 담는다. 그 차이는 렌즈의 성능이 아니라 작가의 마음에서 비롯된다. 예술은 도구로 완성되지 않는다. 표현의 윤리는 단순히 법적인 판단을 넘

*
세인트루이스 대성당
사진 비교

어, 창작자가 타인의 시선을 존중하는 동시에 자신만의 감 각을 길러나가는 태도에서 시작된다.

표현은 곧 감정이며, 감정은 창작자의 것이다. 누군가의 시선을 빌려 세상을 보지 않고, 나만의 눈으로 바라볼 때 비로소 진정한 창작이 시작된다. 아이디어라는 원재료는 공유할 수 있어도 그것을 어떻게 나답게 번역하느냐가 창작의 깊이를 결정한다. 솔섬 사건은 우리에게 묻는다. '이 장면은 누구의 시선으로 찍힌 것인가?' 그리고 우리는 자신의 언어로 답해야 한다. '나는 무엇을 보고, 어떻게 느끼며, 어떻게 표현할 것인가?'

창작자의 감각 – 고유성

표현은 창작자의 감정이 깃든 고유한 언어다. 표현의 힘은 '무엇을' 담느냐가 아니라 '어떻게' 보여주느냐에 있다. 나만의 시선을 확보하는 것이야말로 모든 창작의 시작이자 끝이다.

•

우리는 흔히 '표절'과 '저작권 침해'를 같은 의미로 섞어 쓰지만, 사실 이 둘 사이에는 중요한 차이가 있다. 표절이 창작자의 양심을 묻는 '윤리적 단죄'라면, 저작권 침해는 법전의 조항을 들이대는 '사법적 처벌'이다. 법적으로는 무죄일지라도 대중의 눈에는 파렴치한 표절자로 낙인찍힐 수 있고, 반대로 법의 심판을 받았음에도 대중은 이를 '억울한 판결'이라며 옹호하는 아이러니가 발생하는 이유가 여기에 있다.

표절 논쟁이 터지는 순간, 대중은 차갑고 예리한 직관으로 반응한다. 음악의 몇 마디가 겹치거나, 그림의 실루엣이

기시감을 주고, 문장의 결이 비슷하기만 해도 SNS상에서는 순식간에 '복사기'라는 비난이 쏟아진다. 대중의 기준은 명쾌하다. 새로움이 거세되었다고 느끼는 순간, 그 작품은 창작의 영토에서 추방된다. 표절은 이처럼 논리보다 감각적이며, 불꽃처럼 빠르게 확산되어 창작자의 명성을 태워버린다.

반면 법의 잣대는 훨씬 신중하고 보수적이다. 법은 '비슷해 보이는가'라는 직관 대신에, '법적으로 보호받는 구체적 표현을 도용한 증거가 있는가'를 집요하게 묻는다. 앞서 살펴본 원칙대로 장르의 전형적인 문법이나 흔한 코드 진행처럼 누구나 쓸 수 있는 '아이디어'의 영역이라면, 아무리 닮았어도 법은 죄를 묻지 않는다. 법은 감정이 아닌 증거 위에서만 움직이기 때문이다.

기억의 배신과 무의식적 차용의 함정

이처럼 법과 감정의 간극이 가장 극명하게 드러나는 지점은 바로 '무의식적 차용'의 영역이다. 창작자는 스스로 새로운 것을 빚어냈다고 믿지만, 사실은 과거에 보거나 들었던 기억이 자신의 목소리로 위장해 튀어나온 경우다. 음악사에서 이를 상징하는 사건은 가수 조지 해리슨(George Harrison)의 <마이 스위트 로드(My Sweet Lord)> 판결이다. 1976년 미국 법원은 해리슨이 그룹 더 시폰스(The Chiffons)의 곡을 무의식적으로 표절했다고 인정했다. 해리슨은 고의성을 부인했지만, 법원은 '원작을 기억하지 못하더라도 결과적으로 유사한 멜로디를 만들었다면 표절로 볼 수 있다'고 판단했다. 결국 해리슨은 약 160만 달러에 달하는 손해배상금을 지급했다. 법의 판단은 이토록 좁고 엄격하지만, 대중은 이를 고의 없는 '기억의 오류'로 받아들여 해리슨에게 면죄부를 주기도 했다. 법의 심판과 대중의 정서가 갈라진 대표적 사례다.

이러한 '기억의 배신'은 음악의 담장을 넘어 출판과 문학의 세계에서도 뼈아픈 흔적을 남긴다. 헬렌 켈러의 사례는 창작의 신비와 함정을 동시에 보여준다. 열한 살의 헬렌 켈러가 쓴 동화 「서리 임금님」이 기존 작품(마거릿 캔비의 「서리의 여신」)과 서사 구조 및 핵심 묘사에서 놀라운 유사성을 보여 표절 시비에 휘말렸을 때, 이는 고의적 도용이 아닌 '잠재적 기억의 발현', 즉 무의식적 표절로 해석되었다. 창작자의 뇌 속에 저장된 타인의 영감이 어떻게 자신의 독창성으로 오인되어 발현되는지를 보여주는 대표적 사례이다.

실용서나 자기계발서처럼 표현이 정형화된 장르에서도

비슷한 갈등은 반복된다. 책의 논리 구조나 목차의 배열만 비슷해도 독자는 이를 '베낀 책'이라 부르며 외면한다. 문장 하나하나가 법적 침해의 기준을 교묘히 피해 갈지언정, 대중은 창작자의 게으름을 기막히게 알아차리고 '평판'이라는 가차 없는 채찍을 든다.

저작권 침해는 '법의 결과'이고, 표절은 '평판의 결과'다. 그리고 창작자에게 이 차이는 치명적이다. 법정에서 승소할지언정 대중과 비평가의 신뢰를 잃는다면, 창작자로서의 지위가 흔들린다. 그 경우 '표절자'라는 수식어가 꼬리표처럼 따라붙으며, 그 창작물의 생명력은 사실상 끝난 것이나 다름없다.

표절 논쟁을 관통하는 핵심은 단순히 '유사한가'가 아니라 사회가 창작과 독창성(originality)을 이해하고 기대하는 방식에 있다. 창작자가 원작의 영감을 어떻게 소화하여 무엇을 추가하고 제거했는지, 그리고 그 결과물이 우리 문화에 어떤 새로운 의미를 더했는지를 증명해야 한다. 표절과 창작의 경계는 칼로 베어낸 듯 선명한 선이 아니라 법과 윤리, 대중의 감각이 뒤엉킨 복잡한 교차로다. 법은 침해의 유무를 가릴 뿐이지만, 창작자의 명예와 역사적 가치를 결정하는 것은 결국 대중의 감각과 기억이다. 그리고 그 두 영역의 긴장은 앞으로도 계속될 것이다.

창작자의 감각 – 복합성

표절은 감정과 윤리의 영역이며, 저작권 침해는 증거와 기준에 따른 법적 영역이다. 법은 '보호받는 표현'의 침해 여부를 따지지만, 대중은 '새로움의 부재'를 심판한다. 저작권은 법적 책임을 묻고, 표절은 창작자의 평판을 결정짓는다.

표절이라는 '느낌'과 침해라는 '사실' 사이

·

표절 논쟁은 언제나 본질적인 질문에서 시작된다. '어디까지가 허용된 창작이며, 어디서부터가 무단 도용인가?' 이 질문은 단순해 보이지만, 그 답은 결코 명확하지 않다. 저작권 침해는 모호한 감정이 아니라 엄격한 제도적 기준 위에서 심판한다. 그 중심에는 이미 우리가 확인한 '아이디어-표현 이분법'이 나침반처럼 자리 잡고 있다.

법이 저작권 침해를 인정하기 위해서는 다음 세 가지 기준이 충족되어야 한다. 첫째, 의거관계(access)이다. 후속 창작자가 원작을 접했거나 참고했을 객관적인 가능성이 있었는지를 따진다. 둘째, 실질적 유사성(substantial similarity)이다. 단순히 소재나 장르가 비슷한 수준을 넘어, 인물 구성이나 서사 방식, 결정적 장면 연출 등 '보호받는 표현'이 얼마나 흡사한지가 관건이다. 마지막은 창작성 여부(transformative originality)이다. 기존 작품의 요소를 가져왔더라도 그것이 새로운 맥락에서 재탄생했는지를 살핀다. 결국 저작권 침해 여부는 단순한 외형적 닮은꼴 찾기가 아니다. 창작의 전 과정과 결과물의 변형 수준까지 정밀하게 측정해야 하는 정교한 심사 과정이다.

이러한 법적 잣대가 가장 예민하게 작동하는 곳은 단연 음악 분야다. 12마디 블루스 진행이나 트랩 비트처럼 이미 보편화된 장르적 관습은 누구나 사용할 수 있는 공유지다. 하지만 독창적인 멜로디 라인을 그대로 가져오거나 의미 있는 변형 없이 반복한다면 법적 책임을 피하기 어렵다. 대표적 사례가 MC몽의 <너에게 쓰는 편지> 사건(2006)이다. 법원은 이 곡이 더더의 <잇츠 유(It's You)> 후렴부와 구조 및 선율 면에서 실질적으로 동일하다고 판단하고 배상 판결을 내렸다. 이는 국내 대중음악계에서 사법적 판단이 내려진 상징적 선례가 되었다.[7]

음악이 선율의 싸움이라면, 미술은 '형태'와 '개념'의 경계에서 더욱 복잡한 양상을 띠며 전개된다. 앞서 조영남 '대작' 사건이 미술계의 제작 관행과 작가의 '기획력'을 존중한 판결이었다면, 박정현과 손몽주의 설치미술 공방 사건 (2018)은 '재료의 속성'에 주목한 흥미로운 사례다.[8] 두 작가 모두 고무줄을 이용해 공간을 채우는 방식을 택했으나, 법원은 고무줄이라는 재료를 사용하다 보면 필연적으로 유사한 형태가 발생할 수밖에 없다는 점에 주목했다. 즉, 특정 재료를 활용한 기법 그 자체는 독점할 수 없는 '아이디어'의 영역이라 본 것이다. 이처럼 미술에서의 표절 판단은 외형적 닮은꼴을 넘어 재료의 속성, 작가의 의도, 그리고 당대의 창작 관습까지 입체적으로 고려해야 하는 유동적인 영역에 놓여 있다.

새로운 이야기인가, 반복인가

이러한 경계의 안개는 인간의 언어로 직조되는 문학의 세계로 들어오면 한층 더 깊어진다. 2015년 신경숙 작가의 단편 소설 「전설」(1996년 발표)이 일본의 거장 미시마 유키오의 단편 「우국(憂國)」을 표절했다는 의혹이 제기되며 시작된 논란은 우리 문단에 씻을 수 없는 질문을 남겼다. 이 사건은 '표절 의혹'을 보도한 기사를 문제 삼으며 출판사가 제기한 소송에서 법원이 "표절 여부는 객관적으로 다툼의 여지가 있으며 허위라고 단정할 수 없다"고 판시함으로써 법적 판단까지 이어지지는 않았다. 이후 신경숙 작가는 장편소설 『엄마를 부탁해』가 자신의 수필과 유사하다는 오길순 씨의 소송에 휘말리기도 했으나, 법원은 두 작품의 정서가 닮았을지언정 구체적인 문장 구성과 스토리 전개는 독립적이라며 저작권 침해를 인정하지 않았다.[9]

조경란 작가의 소설 『혀』를 둘러싼 논란(2008)도 있었다. 해당 소설의 핵심 아이디어와 설정이 신인 작가 주이란 씨가 2006년 동아일보에 제출한 신춘문예 응모작 단편 『혀』와 유사하다는 문제 제기였다. 두 작품 모두 셰프가 주인공이라는 설정, '혀'에 대한 상징적 서사, 결말 구조 등이 유사하다는 것이었다. 반면 조경란 작가와 출판사 측은 표절 의혹을 강하게 부인하며 해당 작품은 오래전부터 기획된 창작물이라 주장했다. 주이란 씨는 저작권 분쟁 조정을 신청하며 사과와 출판 금지를 요구했지만, 조정은 제대로 진행되지 못했고 사건은 법적 결론 없이 묵직한 과제만을 남겼다.

드라마 업계 역시 침해와 표절 사이에서 진통을 겪어왔다. 2002년 드라마 <여우와 솜사탕> 사건은 중요한 기준을 남긴 사례다. 드라마 <사랑이 뭐길래>의 김수현 작가는 위 드라마가 자신의 작품의 줄거리 전개와 인물 설정을 유사하게 사용했다며 소송을 제기했다. 법원은 단순한 소재의 공통점이 아니라 구체적 설정과 인물 관계의 유사성이 인정된다며 2004년 저작권 침해를 인정했다. 이는 단순히 소재가 비슷한 것을 넘어 '표현의 정수'가 겹칠 때 어떤 법적 책임이 따르는지를 보여준 결정적 사건이었다. 이후 <선덕여왕>이나 <별에서 온 그대> 등을 둘러싼 논란들은 창작의 윤리와 법적 침해 사이의 간극이 얼마나 넓은지를 여실히 증명하며 제작 현장의 지형을 바꾸어놓았다.

이제 디지털 환경에서 창작물이 광속으로 유통되면서, 표절 여부를 가리는 첫 관문은 인간의 직관이 아니라 기술이 담당하기 시작했다. 대학과 학술 시장에서 정착된 '카피킬러(Copykiller)'와 같은 자동 유사도 검사 시스템이나, 음악의 화성과 박자를 수치화하여 대조하는 AI 시스템이 그 주인공이다. 그러나 기술이 아무리 고도화되어도 AI의 판독 결과는 여전히 보조적인 수단일 뿐이다. 표절은 숫자로 재단할 수 없는 맥락과 의미, 그리고 창작의 전 과정을 아우르는 '해석'의 영역이기 때문이다.

시 한 줄, 멜로디 몇 소절만으로도 창작의 핵심을 훔칠 수 있는 것이 예술의 세계이기에, 최종적인 마침표를 찍는 것은 여전히 인간의 몫으로 남는다. 표절이라는 단어가 사라지지 않는 이유는 우리 사회가 창작자에게 자율성뿐 아니라 그에 따르는 '정직한 책임'을 끝까지 요구하기 때문이다.

창작자의 감각 – 유사성

저작권 침해는 의거성과 실질적 유사성을 핵심 잣대로 판단한다. 분야별로 유사성 판단 기준은 다르며, 시대의 창작 관습에 따라 결과도 달라진다. AI가 유사도를 측정할지언정 최종적인 침해 여부는 인간의 가치 판단 영역이다.

평판이 무너진
자리에 남은

주홍글씨

•

오늘날 표절은 단순히 작품의 유사성을 따지는 논쟁의 차원을 넘어섰다. 그것은 창작자의 도덕성, 명성, 그리고 예술적 정체성 전체를 송두리째 무너뜨리는 실존적 위협이다. 과거의 표절이 업계 내부의 권리 배분이나 법적 공방에 그쳤다면, 디지털 시대를 사는 지금의 창작자는 대중의 날카로운 윤리 감각과 커뮤니티의 집단지성이라는 더 거대한 심판대에 서야 한다. 이제 창작자는 작품의 결과물뿐만 아니라 그 결과물에 도달하기까지의 과정이 얼마나 투명하고 정직했는지를 스스로 입증해야 하는 '증명의 시대'를 살고 있다.

대중은 더 이상 창작물을 단순한 소비재로 보지 않는다. 그 안에는 창작자의 생애와 노동, 고유한 관점이 녹아 있다고 믿는다. 그래서 표절은 단순한 모방이 아니라 타인의 인생을 훔치고 대중의 신뢰를 배신한 '정체성 도용'으로 간주된다. 표절이 무서운 진짜 이유는 한 작품에 대한 평가를 깎아 먹는 데 그치지 않고, 창작자라는 존재 자체에 '가짜'라는 주홍글씨를 새기기 때문이다.

인터넷과 SNS의 확산은 표절의 지형을 근본적으로 바꾸어 놓았다. 과거에는 전문가들만이 알아차릴 수 있었던 미세한 흔적도, 이제는 전 세계의 '디지털 감시자'들에 의해 단 몇 분 만에 발각된다. 대중은 알고리즘보다 더 정교하게 기억하고 비교한다. 표절 의혹이 제기되는 순간, 사건은 법정이 아닌 '온라인 여론 심판대'로 직행한다. 판결보다 댓글이 빠르고 증거보다 기억이 날카로운 이 시대에, 창작자에게 가장 가혹한 형벌은 법적 처벌이 아닌 영구적인 사회적 낙인이다.

투명성이 새로운 신뢰가 되다

음악 산업은 평판의 붕괴가 창작자의 생명력에 얼마나 치명적인지를 가장 선명하게 보여준다. 법적 판결만 피하면 자숙 후 복귀하는 것이 관례처럼 여겨졌으나, 지금은 그렇지 않다. 싱어송라이터 유희열 씨의 사례는 대중이 요구하는 창작 윤리의 기준이 얼마나 높아졌는지를 상징적으로 보여준다. 2022년 그의 곡 <아주 사적인 밤>이 일본 작곡가 사카모토 류이치의 <아쿠아(Aqua)>와 유사하다는 논란이 일었을 때, 원곡자 사카모토 측은 법적 대응을 하지 않았고 법적 책임 또한 확정되지 않았다. 그러나 유희열 씨는 스스로 유사성을 인정하며 사과했고, 오랫동안 지켜온 방송 프로그램에서 하차해야 했다. 법적 유죄 판결보다 무서운 '창작의 진정성에 대한 의문'이 그의 평생의 업적에 짙은 얼룩을 남긴 것이다.

가수 홍진영 씨의 논문 표절 사건 역시 음악과는 다른 영역이지만 '신뢰의 파산'이라는 본질은 같다. 표절 검증 시스템에서 드러난 74%라는 높은 일치율은 단순한 실수를 넘어 대중을 기만했다는 분노로 번졌고, 결국 학위 취소와 활동 중단이라는 혹독한 대가를 치러야 했다. 이 두 사례는 우리에게 중요한 사실을 시사한다. 법은 침해의 유무를 따지지만, 대중은 그 사람의 삶 자체가 '진짜'인지를 묻는다는 것이다. 한국 대중문화에서 표절은 이제 단순한 분쟁을 넘어 창작자의 존재 방식에 대한 거부로 작용한다.

미술계의 위작 논쟁은 작가성과 예술의 진정성이 충돌하는 기묘한 풍경을 보여준다. 2016년 이우환 작품 위작 사건이 대표적이다. 위작범들이 범행을 시인하고 과학적 감정을 통해 가짜임이 드러났음에도 불구하고, 정작 작가 본인이 "내 호흡과 리듬이 담긴 내 작품이 맞다"고 주장하며 세상을 당황케 했다. '작가조차 위작을 구분하지 못한다면, 예술의 진짜와 가짜는 무엇으로 가르는가?', '작가의 확인이 권위인가, 과학적 감정이 진실인가?'라는 근본적 질문이 던져진 순간이었다. 이는 예술 시장에서 작가 서명과 권위가 얼마나 절대적인지, 그리고 그 신뢰가 얼마나 쉽게 흔들릴 수 있는지를 보여주는 상징적 사례로 남았다.

반대로 천경자 작가의 <미인도> 위작 사건은 국가기관의 권위와 작가의 양심이 충돌하며 발생한 비극이다. 작가가 "내가 낳은 자식이 아니"라며 절규했음에도 기관은 진품이라 강변했고, 결국 작가는 "국가는 내 그림을 빼앗고, 나를 부정했다"며 절필을 선언하고 조국을 떠났다(해당 그림은 원래 김재규 전 중앙정보부장의 소장품으로 알려져 있으며, 그의 구속 이후 국립현대미술관에 보관되었다). 이 잔혹한 공방은 '작가의 목소리보다 권위의 판단이 우선시될 때 창작자의 영혼은 어떻게 파괴되는가'를 보여주는 한국 미술사의 슬픈 기록으로 남아 있다.

　표절은 단순히 저작권 조항을 어겼느냐를 따지는 기술적 문제가 아니다. 그것은 창작이라는 행위가 사회와 맺고 있는 약속을 지키는가에 대한 시험이다. 표절이 과거보다 오늘날 훨씬 더 무겁고 큰 사회적 파장을 불러일으키는 이유는 명확하다. 첫째, 창작자는 이제 하나의 '브랜드'이며, 소비자는 작품을 통해 창작자의 정체성과 가치관을 소비하기 때문이다. 둘째, 여론의 판단 속도가 법의 속도를 앞지르기 때문이다. SNS와 커뮤니티, 알고리즘 때문에 의혹이 제기되는 순간 전 세계에서 사회적 사형 선고가 내려진다. 셋째, 결과물뿐 아니라 '어떻게 만들었는가'라는 과정의 정의로움이 창작의 핵심 가치로 부상했기 때문이다.

　창작자는 과거의 유산과 타인의 예술 세계를 빌려 쓸 수 있다. 그러나 반드시 자신의 목소리로 다시 말해야 한다. 이 약속이 무너지는 순간 사람들은 작품이 아니라 창작자에 대한 신뢰를 잃는다. 창작은 단순한 생산 행위가 아니라 진정성을 증명하는 과정이다.

창작자의 감각 - 신뢰성

표절은 창작자의 정체성과 신뢰를 가늠하는 윤리적 척도다. 디지털 시대의 표절은 법적 심판보다 여론의 판결이 더 빠르고 가혹하게 작동한다. 그러므로 진정한 창작의 힘은 화려한 결과물이 아니라, 과정의 투명성과 정직함에서 나온다는 것을 명심해야 한다.

PART 2

창작자를
위한
최소한의
카피라이트

CHAPTER 4

동력

창작의 진짜 동력은
어디서 나오는가

창작의 진짜 동력은 어디서 오는가? 뜨거운 열정만으로는 부족한 순간, 예술가를 다시 작업대로 돌아오게 만드는 힘은 무엇인가. 이 장에서는 그 답을 찾기 위해 자본과 창작이 충돌하는 현장을 정면으로 마주해본다. '돈이 예술을 타락시킨다'는 오래된 통념의 허실을 살피는 동시에, 제도적 안전망의 부재 속에서 비극을 맞이한 작가들의 사례를 통해 '낭만적 빈곤'이 예술의 조건이 아니라 가혹한 경고임을 역설할 것이다.

여기서 저작권이라는 제도적 유인이 지닌 진정한 가치가 드러난다. 저작권은 창작을 규제하기 위한 족쇄가 아니라, 인세와 공연권, 2차적 저작물 수익처럼 '다음 작품을 가능하게 하는 보상 체계'다. 나아가 창작물을 금융과 투자, 상속이 가능한 자산으로 격상시키는 현실의 엔진이기도 하다. 우리는 불법 복제와 무단 이용이 이 소중한 엔진을 어떻게 망가뜨리는지, 그 균열의 끝에 무엇이 기다리고 있는지도 함께 짚어볼 것이다.

이 장에서는 예술과 자본의 만남을 '부끄러운 타협'이 아닌 '지속 가능한 창작의 설계'로 전환하는 법을 제안한다. 또한, 계약과 권리, 그리고 급변하는 플랫폼 환경 속에서 창작자가 자신의 몫을 당당히 요구하며 써먹을 수 있는 실전 전략을 정리해본다.

돈을 사랑한 예술가,

자본주의와 창작이
공존하는 법

·

'예술이 가난을 낳을까, 가난이 예술을 낳을까?'

예술가는 응당 가난해야 한다는 낭만적 믿음은 오랫동안 예술 세계를 지배해왔다. 하지만 이 낡고 어리석은 통념은 창작이 지속되기 위해 필요했던 치열한 생존 전략, 그리고 창작자와 시장의 협상과 교섭의 역사를 교묘히 지워버리는 신화에 불과하다. 실제로 역사 속 거장들은 창작의 동력을 확보하기 위해 누구보다 능동적으로 세상과 타협하고 시장과 협상했다. 그들에게 예술을 지키는 일은 곧 자신의 생계를 지키는 일과 다르지 않았기 때문이다.

창작은 결코 현실과 분리된 이상적 행위가 아니다. 예술가도 사회 속의 인간이며, 최소한의 생존 기반 없이 창작을 지속하기란 불가능에 가깝다. 베토벤은 귀족의 후원을 과감히 거절하는 대신 연주회 티켓과 악보를 판매하면서 이 문제에 맞섰다. 이는 후원자의 입맛에 맞춘 창작에서 벗어나 예술가로서의 자율성을 확보하려는 영리한 독립 선언이었다. 그는 가난한 악단에는 헐값에 곡을 주면서도, 부유한 귀족에게는 거리낌 없이 거액의 대가를 요구했다. 창작의 가치는 정당한 보상을 통해 존중받아야 한다는 그의 태도는 현대 저작권 정신의 선구적 모습이다.

미켈란젤로 역시 교황과의 계약에서 대가에 대한 협상을 멈추지 않았던 철저한 직업인이었으며, 루벤스는 예술을 정치와 교섭의 수단으로 확장해 자신만의 거대한 창작 시스템을 구축한 외교관이자 사업가였다. 이들은 자신의 철학을 작품에 담아내는 동시에, 그 작품이 거래되는 시장의 규칙을 누구보다 명확히 이해하고 있었다.

예술은 비즈니스고, 비즈니스는 예술이다

피카소는 또 어떤가. 예술과 돈의 관계를 영리하게 활용한 인물이었던 그는 판화에 자신의 서명을 남겨 상품 가치를 끌어올렸고, 유통 방식을 치밀하게 설계해 막대한 부를 쌓았다. 하지만 그가 이룬 부가 그의 예술적 순수성을 의심하게 만들지는 않는다. 오히려 경제적 풍요는 그가 평생 많은 작품을 쏟아낼 수 있었던 연료 역할을 톡톡히 했다.

남프랑스에 성을 구매해 고급 자동차와 예술품으로 왕국을 꾸민 '피카소 이후 최고의 작가' 베르나르 뷔페(Bernard Buffet)나, 대량 생산과 소비문화, 광고를 주제로 하여 예술과 상업의 경계를 허문 미국 팝아트의 선구자 앤디 워홀을 떠올려보자. '포스트모던 키치의 왕'이라 비난받는 현대 미술가 제프 쿤스는 공장 시스템을 도입해 대량 생산 체계를 구축했고, 자신은 아이디어만 제공하고 실행은 조수들에게 맡기는 분업 방식으로 창작의 산업화를 이뤘다. 이들에게 예술은 고립된 영역이 아니라 살아 있는 경제활동의 현장이었다.

반면에 '낭만적 빈곤'이라는 신화 뒤에는 고독과 굶주림으로 스러져간 비극적인 얼굴들이 남아 있다. 빚더미 속에서 끝내 빈민 묘지에 묻힌 모차르트, 전성기의 부를 잃고 고독하게 생을 마감한 렘브란트, 평생 지독한 가난에 시달리며 생전 그림 한 점만을 팔았을 고흐까지. 이들의 삶은 최소한의 경제적 보호 장치가 무너졌을 때 창작자의 영혼이 얼마나 쉽게 부서질 수 있는지를 보여준다.

더 비극적인 사례는 우리 가까이에 있다. 2011년, 시나리오 작가 최고은 씨가 질병과 가난 속에서 굶주린 채 세상을 떠났다. 그녀는 췌장염과 갑상선 질환을 앓으면서도 병원에 갈 돈이 없어 몇 날 며칠을 버티다 월셋방에서 수일간 굶은 상태로 생을 마감했다. 그녀의 비극은, 창작자를 '가난한 이상주의자'로 방치할 때 예술 자체가 사라질 수 있음을 증명한 사건이었다. 이들은 낭만적인 예술가의 상징이 아니라 제도와 사회가 뒷받침되지 않을 때 예술이 얼마나 쉽게 무너질 수 있는지를 보여주는 뼈 아픈 경고다.

창작은 고립된 이상이 아니라 동시대를 사는 이들의 생존 방식이자 삶의 언어다. 낭만적 빈곤은 결코 예술의 조건이 될 수 없다. 오히려 지속 가능한 창작 환경을 만드는 것이야말로 예술을 존중하는 방식이다.

예술은 고귀한 정신으로 시작할 수 있지만, 현실의 조건 위에서만 유지된다. 창작자에게는 재능을 펼칠 시간과 공간, 그리고 안정적인 생계와 정당한 보상이 필요하다. 저작권이 제대로 작동하는 사회에서 창작자는 비로소 더 오래 더 깊게 자기 세계를 탐색하는 자유를 얻는다. 예술이 가난과 고통으로만 기억되지 않도록, 우리는 이제 창작을 가능하게 하는 '돈의 감각'과 '제도의 힘'을 고민해야 한다.

창작자의 감각 – 돈의 감각

생존과 창작 사이의 균형을 찾을 때, 예술은 비로소 깊어진다. 저작권은 예술가가 창작을 멈추지 않도록 지탱해주는 현실적 동력이다. 예술의 자유는 보호받는 환경에서 자라난다.

저작권의 경제학,

창작은 무엇으로
지속되는가

•

창작은 본능에서 시작된다. 개인의 감정에서 싹튼 표현은 시간이 흐르며 문화가 되고, 산업이 되고, 시대의 정체성을 형성한다. 그러나 창작이 개인의 감정적 충동을 넘어 지속 가능한 생태계로 성장하기 위해서는 또 다른 현실적 요소가 필요하다. 창작자의 노동이 존중받고 보상받는 구조, 그 중심에 바로 저작권(copyright)이 있다.

저작권은 창작자가 자신의 작품으로 생계를 유지하고, 다시 다음 창작으로 나아갈 수 있게 돕는 사회적·법적 기반이다. 저작권이 없던 시절, 창작자는 자신의 작품이 무단 복제되어도 속수무책이었다. 이는 자연스럽게 창작의 유인을 약화시키는 결과로 이어졌다. 창작은 취미가 아니라 노동이며, 그 노동에는 창작자의 시간과 기술, 연구와 경험, 그리고 정서적 에너지가 통째로 투자된다. 정당한 보상이 주어지지 않는다면 창작자는 생계를 위해 다른 노동을 해야 하고, 사회는 그만큼의 문화를 잃게 된다. 저작권은 바로 이 악순환을 멈추는 장치다.

비틀즈의 저작권자는 마이클 잭슨

음악 산업은 저작권이 어떻게 강력한 자본으로 바뀔 수 있는지를 선명하게 보여준다. 대표적 사례가 마이클 잭슨의 비틀즈 판권 인수 사건이다. 1985년, 마이클 잭슨은 비틀즈의 노래 대부분을 보유한 ATV 뮤직 퍼블리싱을 4,750만 달러에 인수하며 음악계를 놀라게 했다. 이 저작권은 그가 세상을 떠난 뒤에도 소니-ATV를 통해 관리되었고, 2024년 잭슨 유족 소유 저작권 중 절반이 약 8,000억 원에 매각되었다. 이는 저작권이 예술적 자취를 넘어 거대한 (상속) 자산으로 진화한 것을 의미한다.

금융과의 결합은 더욱 파격적이다. 데이비드 보위는 자신의 앨범 25장의 미래 저작권료 수익을 기반으로 5,500만

달러 규모의 '보위 채권(Bowie Bonds)'을 발행하며, 세계 최초의 실질적 지식재산권(IP) 기반 금융의 시대를 열었다. 한국에서도 뮤직카우와 같은 플랫폼이 저작권 수익을 증권화하며 무형의 투자 가치를 법적으로 인정받기에 이르렀다. 이제 저작권은 창작의 결과물을 넘어, 금융자산이자 투자자산, 상속자산으로 진화하고 있다.

과거 미술가들은 작품을 판매하는 순간, 이후 발생하는 경제적 가치로부터 철저히 소외되었다. 경매 시장에서 작품값이 수십, 수백 배로 뛰어도 그 이익은 모두 수집가나 거래 중개자의 몫이었다. 평생 단 한 점의 그림만을 팔았던 고흐의 비극은 예술적 성취와 경제적 보상의 불일치를 보여주는 상징적인 사례다.

이러한 불합리한 구조를 깨기 위해 등장한 것이 바로 '추급권(Resale Right 또는 Droit de Suite)'이다. 작품이 되팔릴 때마다 원작자에게 일정 비율의 로열티를 돌려주는 이 제도는 '작가는 가난하고 작품만 비싸다'는 미술 시장의 구조적 불평등을 완화하기 위한 시도이자 예술가의 기여와 창작 가치가 시간이 지나도 인정받아야 한다는 철학적 선언이기도 하다.

디지털 시대에 이르러서는 블록체인 기반 NFT 기술이 이 역할을 대신하고 있다. 파일의 복제가 무한한 환경에서도 창작자가 지속적으로 수익을 보장받는 이 시스템은 과거에는 사라졌던 창작자의 권리를 되찾아주는 새로운 기회가 되고 있다.

IP와 세계관의 확장

출판 산업에서도 인세는 단순한 이윤 배분을 넘어, 작가가 다음 문장을 쓸 수 있게 하는 '창작 인프라'다. 오늘날 출판 생태계는 종이책이라는 단일 매체의 한계를 넘어 전자책, 오디오북, 번역권, 강의권 등 다층적인 수익 구조로 확장되었다. 여기서 결정적인 역할을 한 것이 '2차적 저작물 작성권(Derivative Work Right)'이다.

이 권리는 원저작물을 기초로 영화, 웹툰, 드라마, 게임이라는 장르적 확장을 가능하게 하는 법적 기반이다. 이 권리가 있기 때문에 소설은 영화가 되고, 영화가 웹툰이 되며, 웹툰이 다시 드라마나 게임으로 변주되는 IP 확장 구조(Transmedia Expansion)가 가능해졌다. <반지의 제왕>이나 <해리 포터>, <오징어 게임> 시리즈처럼 강력한 세계관을 가진 IP는 매체를 넘나들며 천문학적인 경제적 파급효과를 낳는다. 이제 한 권의 책이나 한 편의 웹툰, 혹은 하나의 스토리는 그 자체로 완성되어 소비되는 결과물을 넘어, 무한히 확장될 창작 세계의 씨앗(IP seed)이다. 작가는 이 씨앗을 바탕으로 자신만의 독보적인 콘텐츠 생태계를 구축하고 지속적인 보상을 약속받는다.

저작권은 단순한 법적 장치가 아니라 사회가 창작자에게 건네는 신뢰의 신호다. 창작은 본능에서 시작되지만, 그것이 한 사람의 일생을 건 직업이 되기 위해서는 영감만큼이나 안정적인 보상 체계가 필수적이다. 창작자는 순수한 열정만으로 영원히 버틸 수 없기 때문이다. 생계를 유지하고 시간을 확보하며, 다음 작업을 준비하기 위해서는 보상 체계가 작동해야 한다.

저작권은 창작을 움직이는 가장 강력한 인센티브 시스템이다. 창작자가 정당한 대가를 받기 때문에 창작은 다시 이어지고, 또 다른 작품이 탄생하며, 문화는 확장된다. 결국 저작권은 창작의 마침표가 아니라 창작을 다시 시작할 수 있게 만드는 출발점이다. 저작권이 존재하기 때문에, 창작자는 다시 책상 앞에 앉고, 다시 빈 화면과 마주하며, 세상을 새로운 방식으로 창조할 수 있다.

창작자의 감각 – 지속성

창작이 이어지기 위해서는 정당하게 보상하는 인센티브 구조가 필요하다. 저작권은 창작자가 다음 작품을 만들 수 있는 기반을 제공하며, 무한히 확장해가는 창작 세계의 씨앗이 된다.

저작인격권,

존재를 기록하는 권리

•

창작자는 단순히 무언가를 만들기만 하는 존재가 아니다. 그는 세계를 자신만의 문법으로 해석하고, 감정과 경험을 언어와 이미지, 소리로 남기는 사람이다. 창작의 욕구는 이처럼 '나'라는 존재의 흔적을 각인시키려는 인간의 본질적인 욕망과 맞닿아 있다. 작품은 곧 창작자의 분신이며, 사회 속에서 자신의 존재를 증명하는 강력한 증거가 된다.

그래서 창작자가 원하는 것은 정당한 경제적 보상 못지않은 '존재의 인정'이다. '이 작품이 과연 나를 온전히 증명하는가?'는 창작자의 정신을 지탱하는 가장 근본적 질문이다. 저작권법에서 '저작인격권(Moral Rights)'이라는 제도를 두어 창작자의 명예를 보호하는 이유가 여기에 있다. 저작인격권은 저작물을 단순한 경제적 자산으로 보지 않고, 창작자의 표현과 정체성을 존중하겠다는 법적 선언이다. 1886년 베른협약 이후 국제적으로 확립된 이 권리는 창작자의 영혼과 정체성이 깃든 소중한 인격체로 존중하겠다는 법적 선언이다.

구체적으로 저작인격권은 창작자의 존재 증명과 정체성을 수호하기 위한 세 가지 세부적인 권리로 구성된다. 작품을 언제 세상에 내놓을지 결정하는 '공표권', 작품에 자신의 이름을 남길 수 있는 '성명표시권', 그리고 작품의 내용이 함부로 바뀌지 않도록 지켜내는 '동일성 유지권'이 바로 그것이다. 이 세 권리는 법적 권리를 넘어 창작자가 작품을 통해 사회에 남기는 흔적을 보호하는 최소한의 심리적 안전장치라 할 수 있다.

이름이 지워지는 순간, 존재도 지워진다

성명표시권은 단순히 '작품 끝에 이름을 적어 넣는 규칙'이 아니다. 그것은 창작자에게 자기 자신을 증명할 권리다. 1995년 세상을 떠들썩하게 했던 <칵테일 사랑> 사건은 실연자의 성명표시권을 명시적으로 인정한 최초의 사례다. 당시 국민적 히트를 기록한 이 곡의 진짜 목소리는 가수 신윤미의 것이었으나, 음반 표지에는 그녀의 이름이 누락되었고 방송에서는 얼굴이 알려진 다른 멤버가 그녀의 목소리를 빌려 립싱크 공연을 펼친 데 대해, 가수 신윤미가 음반 제작사를 상대로 승소한 사건이었다.[10] 재판부는 신윤미가 실연자로서 이름을 표시할 권리가 있으며, 음반과 방송에서 이를 명시하지 않을 경우 제작 및 유통을 중단할 수 있다고 판단했다. 이는 이름이 지워진 채 노래만 흐르는 것은 창작자의 존재 자체를 부정하는 행위임을 법이 확인해준 셈이었다.

최근 웹툰과 웹소설 산업에서 벌어지는 분쟁도 본질은 같다. 2023년 서울중앙지방법원은 기획 단계에서 아이디어만 제공한 플랫폼 운영자가 자신을 '글 작가'로 표기한 행위에 대해 웹툰 작가의 성명표시권을 침해했다고 판결했다.[11] 이는 실질적인 창작적 표현에 기여하지 않은 채 이름을 올리는 것은 창작자의 정체성을 훼손하는 인격권 침해라는 판단이자 창작의 분업 구조가 일반화된 웹툰과 웹소설 산업의 현실에 경종을 울리는 의미 있는 결정이었다. 이름은 곧 작품의 주인이 누구인지를 가리키는 표시이며, 이 표시가 잘못된 이를 가리킬 때 창작자의 자존감은 무너진다.

동일성 유지권, 뼈대를 지키는 힘

동일성 유지권은 저작물이 창작자의 의도와 표현 그대로 유지될 권리다. 작품의 내용과 형식, 심지어 제목조차 본질적으로 왜곡되지 않도록 보호하는 이 제도는, 창작자가 자신의 작품을 '자기표현의 확장'으로 인식한다는 점에서 매우 중요하다.

과거에는 방송이나 출판의 편의를 위해 작가의 동의 없이 줄거리를 바꾸거나 문체를 훼손하는 일이 비일비재했다. 번역 과정에서 원문 문체가 과도하게 바뀌거나 방송 포맷에 맞추기 위해 영상 콘텐츠의 화면이 잘려나가는 경우 기술적 조정으로 보일 수 있지만, 창작자에게는 자신의 표현이 임의로 훼손되는 경험이 된다. 그리하여 드라마 작가가 등장인물의 비극적 죽음을 설정했으나, 방송사 측이 흥행을 이유로 주인공을 살려내 서사를 뒤바꾼 사례에서 법원은 동일성 유지권 침해를 인정했다.[12] 이는 단순한 수정이 아니라 작품의 서사 구조와 감정의 맥락을 파괴한 '본질적 변형'이기 때문이다.

물론 모든 수정이나 활용이 침해로 인정되는 것은 아니다. 저작물의 성격과 감정, 구조 등이 유지되는 범위에서 화면비 조정과 같이 기술적 조정이 이루어진 경우나 음악의 일부만 제공하는 '미리듣기' 서비스는 침해로 보지 않지만,[13] 저작자의 허락 없이 줄거리, 결말, 캐릭터 설정, 문체 등 작품의 핵심 표현을 변경하거나, 창작자의 의사를 훼손하는 방식으로 수정·가공한 경우는 침해로 인정된다. 이는 저작물을 경제적 상품이 아니라 창작자의 정체성과 사유가 담긴 표현으로 존중하라는 법적 선언이다.

이름을 남긴다는 것의 의미

공표권은 작품을 언제, 어떻게 세상에 공개할 것인지 창작자가 스스로 결정할 수 있는 권리다. 미발표 원고가 동의 없이 온라인에 유출되거나, 출판 편집 과정에서 작가 승인 없이 내용이 추가·삭제되는 사례는 모두 공표권 침해에 해당한다. 수험생의 단순 암기나 복원 수준을 넘어 초소형 카메라와 녹음기를 이용해 시험 문제를 빼돌린 사건(해커스 교육그룹 v. ETS)에서 법원은 이미 출제된 문제라도 보호받는 저작물이라고 판단하며, 창작물이 단순한 상품이 아니라 창작자의 정체성과 경험이 반영된 표현임을 인정했다.

이 지점에서 '얼굴 없는 예술가' 뱅크시(Banksy)의 행보는 저작인격권의 흥미로운 역설을 보여준다. 그는 익명으로 활동하며 이름을 숨기지만, 특유의 풍자와 게릴라적 전시를 통해 자신의 정체성만큼은 누구보다 강렬하게 공표한다. 그는 이름을 숨길 자유를 누리면서도, 자신의 작품이 상업적으로 무단 도용되는 것에는 단호하게 맞선다.

뱅크시는 익명으로 활동하는 예술가라는 특성 때문에 작품이 상업적으로 무단 사용되거나 유통될 때 법적 대응이 복잡해지는 사례가 많다. 그는 개인적·비상업적 이용에는 관대하지만, 상업적 사용에는 단호히 반대해 여러 기업과 분쟁을 벌여왔다. 대표적으로 영국의 카드 제작사 '풀 컬러 블랙(Full Colour Black)'이 그의 이미지를 허가 없이 사용하자 이를 막기 위해 상표권 등록을 시도했지만, 유럽연합지식재산권기구(EUIPO)가 뱅크시에게 실제 상표 사용 의도가 없었다며 등록을 무효화한 사건이 있었다.

또한 주로 공공장소에 그려지는 그래피티 형식인 그의 작품을 건물주나 제3자가 작품을 떼어내 경매에 내놓자 이에 대한 반발로 뱅크시가 경매에서 작품이 낙찰되자마자 액자 속 파쇄기로 작품을 절반만 파쇄하는 퍼포먼스를 진행해 세계적 화제를 만들기도 했다. 작품의 가치를 결정하고 공개하는 주도권이 시장이 아닌 '작가'에게 있음을 선포한 저작인격권의 극적 구현이었다. 그는 익명성을 유지하면서도 저작권 보호 요건을 충족하기 위해 직접 상품을 판매하는 팝업 스토어를 운영하는 등 법적·예술적 투쟁을 이어가고 있다. 결국 뱅크시의 익명성은 그의 예술적 정체성과 상징성을 강화하는 동시에 작품 보호와 권리 행사에는 실질적 장애가 되는 역설적 상황을 만들어내고 있다.

창작은 결국 존재를 기록하는 행위다. 악보 구석에 적힌 이름, 화면 위의 작은 서명, 표제 아래의 필명 하나는 창작자가 세상에 남긴 흔적이자 '나는 살았고, 나는 만들었다'라는 선언이다. 우리가 수백 년 전의 바흐나 슈만을 여전히 기억하는 것은 그들이 남긴 서명이 작품과 함께 살아남아 그들의 정체성을 보증해주고 있기 때문이다.

그래서 저작권은 단지 보호를 위한 규범이 아니라, 창작자가 자신의 존재를 사회 속에서 확인하는 장치다. 작품이 작가의 품을 떠나 세상이라는 망망대해로 흘러갈 때, 그 작품이 창작자의 이름과 함께 안전하게 항해할 수 있도록 지켜주는 사회적 약속인 것이다. 결국 이름을 남긴다는 것은 한 인간의 사유와 열정이 잊히지 않도록 법과 사회가 함께 기록하는 숭고한 행위인 셈이다.

창작자의 감각 – 정체성

저작인격권은 창작자의 존재와 정체성을 보증하는 보루이며, 성명표시권, 동일성 유지권, 공표권은 창작자의 인격을 수호한다. 창작은 세상에 흔적을 남기는 일이며, 저작인격권은 이를 지켜주는 사회적 약속이다.

•

창작은 한 사람의 머릿속에서 시작되지만, 그것을 문화 산업으로 꽃피우기 위해서는 사회의 정당한 인정과 보상이라는 밑거름이 필요하다. 창작자가 쏟아부은 시간과 기술, 무수한 시행착오와 배움의 과정이 경제적 가치로 환원되지 않는다면 창작은 지속될 수 없다. 창작 생태계는 아이디어가 정당한 가치로 돌아온다는 신뢰 위에서만 유지된다.

그러나 디지털 시대가 열리면서 이 구조는 곳곳에서 균열이 생겼다. 클릭 한 번으로 전 세계 콘텐츠에 접속할 수 있는 환경은, 역설적으로 사람들에게 콘텐츠를 '대가를 지불하고 소비하는 대상'이 아니라 '무료로 채굴할 수 있는 무한한 자원'이라는 위험한 인식을 심어주었다. 2000년대 초반 음악 공유 사이트가 촉발한 음악 산업의 붕괴는 서막에 불과했다. 당시 대중에게 각인된 '음악은 공짜'라는 관성은 수십 년이 지난 지금까지도 창작자들의 지속 가능성을 끊임없이 위협하고 있다.

디지털 기생충, 누누티비와 밤토끼가 남긴 상흔

영상 산업 역시 이 거대한 '디지털 기생'의 손실을 피하지 못했다. 대표적인 사례가 불법 스트리밍 플랫폼 '누누티비' 사건이다. 누누티비는 수년간 수백만 명의 이용자를 확보하고 유료 콘텐츠를 무단으로 가로채며 국내 콘텐츠 산업에만 5조 원 이상의 피해를 입힌 것으로 추산된다. 이 불법 유통은 제작사의 수익을 뺏는 데 그치지 않고, 제작비 회수 구조 자체를 파괴함으로써 배우와 감독, 스태프 등 영화 생태계 구성원 전체에게 타격을 입혔다. 법원이 운영자에게 4년 6개월의 징역형과 막대한 추징금을 선고한 것은, 불법 무료 시청이 콘텐츠 생태계를 멸종시키는 중대 범죄임을 천명한 것이다.

웹툰과 웹소설 분야 역시 상황은 심각하다. 99만 편의 작품을 무단으로 뿌린 '밤토끼' 사건은 K-웹툰의 급격한 성장 뒤에 가려진 민낯을 드러냈다. 작가들이 매주 마감의 압박 속에서 영혼을 갈아 넣어 만든 결과물이 어마어마한 불법 광고 수익으로 치환되는 동안, 정작 신진 작가들은 독자 기반을 잃고 시장에서 퇴출당했다. 불법 유통은 단순히 작가의 현재 수익을 빼앗는 행위가 아니라, 창작자의 생애주기를 끊고, 장르의 다양성과 미래의 창작 가능성, 나아가 산업의 성장 가능성을 잠식하는 행위다. 이 창작 생태계를 지키는 것은 법적 보호의 문제를 넘어 미래의 콘텐츠 산업을 지속시키는 일이며, 우리 사회가 표현과 상상력의 가치를 어떻게 대우하느냐를 결정하는 문제다.

그냥 보는 것도 범죄일까?

출판과 학술 분야의 불법 공유는 더욱 교묘하고 은밀하게 지식의 토양을 침식한다. 대학가에서 교재를 스캔해 단톡방에 공유하거나 강의용 PDF를 무단 배포하는 행위는 '공부하기 위한 편의'라는 명분 뒤에 숨어 지식 생산 체계 전체를 무너뜨린다. 저자의 수년간의 연구와 출판사의 정교한 편집 공정이 담긴 한 권의 책을 '0원'짜리 파일로 취급하는 순간, 학술 출판 시장은 고사한다.

학술논문 유출도 마찬가지다. 연구자가 생계를 유지하며 다음 연구를 이어가야 한다는 현실을 망각한 '지식 공유의 선의'는 지식의 생산을 멈추게 하는 부메랑으로 돌아온다. 지식은 공공재이지만, 그 공공성은 누군가의 치열한 노동과 비용 위에서만 존재할 수 있다. 따라서 문제는 단순히 '읽느냐 마느냐'가 아니라, '우리는 지식을 어떤 방식으로 소비할 것인가'라는 질문으로 이어진다.

한국 저작권법은 개인이 영리 목적 없이 사적으로 이용하기 위해 저작물을 다운로드하는 행위 자체는 처벌하지 않는다. 저작권법 제30조의 사적 이용을 위한 복제 허용 조항이 그것이다. 많은 이들이 '혼자 보는 것은 괜찮겠지'라거나 '불법물은 마음대로 받아도 된다'라며 이 법 뒤로 숨으려 한다. 하지만 저작권자의 동의 없이 유통되는 불법물을 내려받는 행위는 그 자체로 저작권 침해 생태계를 지탱하고 확산시키는 동력이 된다. 특히 토렌트(Torrent) 방식은 다운로드와 업로드가 동시에 이루어지기 때문에 사용자 본인도 모르는 사이에 '불법 유통업자'가 되어 형사처벌 대상이 될 수 있음을 간과해서는 안 된다.

보상 시스템이 무너지면 가장 먼저 영향을 받는 사람은 '신진 창작자'이다. 명성이 있는 작가들은 어떻게든 버티겠

지만, 이제 막 시작하는 사람들의 재능은 보상이 없는 구조
에서 지속하기 어렵다. 결국 보상 시스템이 실패하면 창작
자만 사라지는 것이 아니다. 미래의 작품, 산업의 다양성,
문화의 지속성, 그리고 공동체의 표현 자산이 함께 사라진
다. 창작자가 떠난 자리는 다시 채워지지 않는다. 창작은 상
품 생산을 넘어 인간의 경험을 기록하고 세계를 확장하는
행위이기 때문이다.

저작권은 단순한 법적 장치가 아니다. 그것은 최소한의
질서이며, 창작자가 다시 작업할 수 있게 만드는 신뢰와 약
속의 기반이다. 사회가 창작물을 소비한다면, 그 대가를 지
급하는 것은 선택이 아니라 책임이다. 콘텐츠를 소비하는
모든 사람의 선택이 구조를 만든다.

창작자의 감각 - 창작 생태계의 위기

불법 복제와 무단 이용은 창작의 동력을 갉아먹고 정당한 보상
구조를 무너뜨린다. 그러므로 불법 콘텐츠 소비는 산업 전체의
투자 구조를 붕괴시키는 범죄다. 창작자의 몫을 지키는 것은 우
리 사회의 상상력과 지식 생산 체계를 지키는 일이다.

CHAPTER 5

재료

창작 재료는
이미 당신의 손안에 있다

완전히 새로운 이야기는 정말 존재할까, 아니면 우리는 늘 누군가의 것을 빌려 쓰고 있는 걸까?

오늘날 창작은 이미 축적된 이미지와 서사, 그리고 장르 문법 속에서 숨 쉬며 자란다. 문제는 '어떻게 빌리느냐'다. 같은 장면을 참고해도 어떤 작품은 표절이 되고, 어떤 작품은 오마주가 되며, 또 어떤 작품은 리메이크로 새 생명을 얻는다. 이 장에서는 창작의 재료가 어디까지 허용되는지, 레퍼런스, 오마주, 클리셰, 리메이크, 리바이벌이 각각 어떤 태도와 맥락을 요구하는지, 그리고 그 경계가 흔들릴 때 어떤 윤리적·법적 위험이 생기는지를 살펴본다.

표절이 '남의 것을 내 것처럼 훔치는 일'이라면, 레퍼런스는 창작의 발판이고, 오마주는 존경을 담은 대화이며, 클리셰는 익숙함이 주는 안전지대인 동시에 탈피해야 할 함정이다. 더 나아가 신화와 설화처럼 인류의 오래된 '리믹스 시스템'부터 샘플링 음악, 콜라주적 세계관까지, 창작은 늘 재조합과 재해석으로 진화해왔다. 또한 퍼블릭 도메인과 같은 '열린 재료 창고'가 어떻게 창작의 진입장벽을 낮추는지, 동시에 출처 표시와 이용조건 준수 같은 책임이 왜 필수적인지도 검토한다.

창작의 재료는 이미 당신의 손안에 있다. 그 재료들을 안전하게, 정당하게 자신만의 언어로 바꾸는 방법을 정리해 창작자에게 실질적인 도움을 전하고자 한다.

무해한 창작을 위한

다섯 가지 창조적 차용법

•

창작은 과거의 유산 없이는 결코 완성되지 않는다. 영화, 음악, 문학, 게임 등 모든 장르의 창작자들은 과거의 유산에서 영감을 얻고 방향을 찾는다. 관객 역시 그 안에서 익숙함과 새로움의 균형을 경험한다. 그러므로 창작의 중요한 핵심은 '무엇을' 가져오느냐가 아니라 '어떻게' 차용하느냐에 있다. 단순한 복제인지, 아니면 창의적 재해석인지, 이 경계를 구분하는 감각이야말로 창작자의 윤리이자 창의성의 본질적 기준인 것이다. 우리가 본격적으로 '차용의 윤리'를 논하기에 앞서, 레퍼런스나 오마주처럼 창작의 재료가 되는 다양한 방식들을 명확히 정의해보려는 이유가 여기에 있다.

재료의 성격을 정확히 알아야만 비로소 그것을 안전하고 창의적으로 다루는 감각도 깨어날 수 있기 때문이다.

먼저 경계해야 할 것은 표절이다. 이는 타인의 노력을 허가 없이 가로채 자신의 것으로 위장하는 '절도'로서 법적 제재의 대상이 된다. 2000년대 중반 국내 유명 가수가 발표한 곡이 일본 밴드의 편곡 디테일까지 그대로 옮겨와 논란이 된 사례나, 해외 베스트셀러의 서사 흐름을 도용한 웹소설 사례는 단순한 참고를 넘어선 '도용'의 전형을 보여준다. '영감을 받았다'라는 해명이 기만으로 읽히는 순간, 창작자로서의 신뢰는 회복 불가능한 타격을 입는다. 이제 우리는 이 치명적인 함정인 표절을 피해, 창작을 풍요롭게 만드는 다섯 가지의 정당한 재료들을 하나씩 살펴볼 것이다.

레퍼런스 | 레퍼런스는 표절과 달리 기존 창작물을 참고해 자신의 아이디어를 구축하는 과정이며, 이는 창작의 지극히 자연스러운 일부다. 브람스는 헝가리 민속 음악을 참고해 <헝가리 무곡>을 작곡했고, 꿈과 현실의 경계가 모호한 이야기를 다룬 크리스토퍼 놀란의 <인셉션>(2010)은 구로사와 아키라 감독의 <라쇼몽>(1950)에서 영향을 받았다. 르 코르뷔지에의 건축 양식을 현대적으로 해석한 건물이 다수 존재하듯, 레퍼런스는 기존의 것을 그대로 가져오는 것이 아니라 창작자의 의도와 해석을 통해 새롭게 구성하는 작업이다.

아이디어의 출처를 숨기지 않고, 그 토대 위에서 자신만의 방식으로 변형하고 확장하는 것이 핵심이다.

오마주 | 단순한 참고를 넘어서 원작에 대한 경의와 존경을 담아 의도적으로 표현하는 창작 방식이다. 쿠엔틴 타란티노 감독의 <킬빌>(2003)은 오마주의 교과서라 할 수 있다. 극중 주인공이 입은 노란색 트레이닝복은 브루스 리의 것으로, 이 영화에는 브루스 리에 대한 애정이 담긴 장면들이 가득하다. 영화 <라라랜드>(2016)의 초반 뮤지컬 장면은 프랑스 영화 <쉘부르의 우산>(1964)의 색감과 카메라 워킹을 그대로 연상시키며 해당 영화에 대한 찬사를 전한다. 봉준호 감독의 <살인의 추억>(2003)에는 영화 <세븐>(1995)의 시각적 톤을 오마주한 장면이 존재한다. 관객은 원작을 알고 있을 때 이러한 차용에 더 큰 감동을 받는다. 오마주는 단순한 차용이 아니라 창작자 간의 '대화'이자 정서적 교감이며, 작가 고유의 정체성이자 철학이다.

클리셰 | 너무 자주 반복되어 신선함을 잃은 표현이나 구조를 말한다. 재벌 2세와 평범한 여성의 사랑, 기억상실, 삼각관계, 출생의 비밀 등은 한국 드라마의 대표적인 클리셰다. 스릴러 장르에서는 '마지막 반전은 주인공이 알고 있던 진실이 전부 거짓이었다'는 구조, 공포영화에서는 '혼자 떨어진 캐릭터가 가장 먼저 죽는다'는 법칙

도 있다. 클리셰는 관객에게 익숙함을 줄 수 있지만, 새로운 변주가 없다면 피로감을 준다. 최근에는 클리셰를 비틀거나 패러디함으로써 반전의 재미를 주는 시도도 많아졌다. 클리셰를 '어떻게 탈피하거나 변형하는가'는 창작자의 역량을 보여주는 중요한 지점이다.

리메이크 | 기존 작품의 서사나 구조를 유지하되, 현재의 시대성과 감각으로 재창조하는 작업이다. 할리우드 영화 <디파티드>(2006)는 홍콩 영화 <무간도>(2002)의 경찰과 범죄자 간 이중 스파이 서사를 미국 사회로 옮겼고, 한국 드라마 <굿 닥터>(2013)가 미국식으로 각색되기도 했다. 게임에서도 리메이크는 활발하다. <파이널 판타지 VII 리메이크>(2020)는 1997년 원작의 스토리를 유지하면서도 그래픽과 캐릭터 표현, 전투 시스템을 새롭게 구성했다는 평가를 받는다. 리메이크는 단순한 복원이 아니라, 시대의 흐름에 맞는 재해석이자 새로운 창조이다.

리바이벌 | 리바이벌은 과거의 작품을 큰 변화 없이 다시 선보이는 방식이다. 영화 <로마의 휴일>이나 <시네마 천국> 같은 고전 영화들이 4K 디지털 리마스터링되어 재상영되고, 오래된 음악이 현대적 편곡으로 다시 발표되는 방식이 여기에 해당한다. 게임 <스타크래프트 리마스터>는 원작의 감성을 해치지 않으면서도 그래픽 해상도와 인터페이스를 현대화하여 기존 팬과 신규 유저 모두를 만족시켰

다. 리바이벌은 과거의 감동을 온전히 되살리는 일종의 문화적 소환이다.

이 다섯 가지 개념과 표절은 모두 기존 창작물과의 관계 속에서 발생하지만, 의도와 태도, 맥락에 따라 윤리적 의미는 크게 달라진다. 표절은 철저히 지양해야 할 행위이며, 레퍼런스는 자연스럽다. 오마주는 원작에 대한 감정 표현이며, 클리셰는 반복된 틀의 진부함을 상징한다. 리메이크는 재창조의 과정이고, 리바이벌은 감동의 복원이다.

창작자에게 필요한 것은 이 개념들의 차이를 정확히 인식하고, 적절하게 활용하는 능력이다. 기존 작품을 차용할 때는 단순한 복사인지, 경의를 담은 표현인지, 혹은 시대를 반영한 재창조인지 명확히 해야 한다. 수용자 역시 차용의 다양한 층위를 이해해야만 창작을 더욱 풍부하게 감상할 수 있다.

창작은 단순한 모방이 아니라 치열한 재해석의 산물이다. 과거의 것을 얼마나 새롭게 조합하고 의미를 더하는가에 따라 진짜 창의성이 발현된다. 중요한 것은 차용의 방식보다 그것을 대하는 창작자의 태도다. 윤리와 감각, 기술과 정서를 조화롭게 결합할 때, 비로소 살아 있는 창작이 탄생한다.

창작자의 감각 – 위치 감각

창작은 완전한 무(無)에서 나오는 게 아니다. 기존의 것을 얼마나 새롭게 조합하느냐가 진짜 창의성이다. 창작의 경계를 인식하는 감각이야말로 창작자의 핵심 역량이다.

리믹스의 미학,

빌려온 조각으로
새 세계를 짓는 법

•

오늘날 창작은 무에서 유를 빚어내는 고독한 연금술만을 의미하지 않는다. 현대 창작의 정수는 이미 존재하는 무수한 콘텐츠를 새롭게 해석하고 조합하는 '리믹스(Remix)'의 미학에 있다. 리믹스 문화는 '창작은 재조립이다'라는 관점을 견지하며, 창작자의 여할을 단순한 생산자를 넘어 시대의 맥락을 읽어나가는 해석자이자 기획자, 큐레이터로 확장시킨다. 이러한 창작 방식은 갑자기 등장한 것이 아니다. 인간의 문화사를 거슬러 올라가면, 모든 창작은 과거로부터 빌리고, 비틀고, 덧붙이며 진화해왔다.

그리스·로마 신화, 북유럽 신화, 인도 베다 신화, 우리의 단군 신화에 이르기까지 이 거대한 서사들은 수천 년간 인류의 상상력을 자극하며 끊임없이 재탄생해왔다. 바이런의 시와 셰익스피어의 희곡, 베르디의 오페라를 거쳐 마블의 시네마틱 유니버스에 이르기까지 신화의 변주는 멈춘 적이 없다. 예를 들어, 페르세포네와 하데스 신화는 오늘날의 젠더 감수성과 판타지 로맨스라는 옷을 입고 웹툰과 뮤지컬로 부활했다. 원전이 같더라도 시대에 따라 작품은 각기 다르다. 신화는 인류 최초의 공유 IP이자 문화적 공용 자산인 셈이다.

문자가 없던 시대, 이야기는 사람의 입을 통해 이동하고 변형됐다. 판소리 <춘향가>가 구전 과정에서 지역마다 다채로운 버전을 낳았고, 소설과 영화, 웹툰으로 확장된 것처럼, 위대한 이야기는 어느 한 사람의 손끝이 아니라 '모두'의 목소리가 겹쳐지며 완성된다. 즉, 구전 문화는 오늘날 리믹스 창작의 가장 오래되고 원형적인 모델이라 할 수 있다.

리믹스라는 문법이 가장 파괴적이고도 찬란하게 꽃핀 영역은 단연 음악이다. 힙합의 샘플링 문화는 과거 소울과 재즈의 파편들을 가져와 새로운 비트와 리듬을 수혈함으로써 장르적 정체성을 구축했다. 초기에는 저작권 분쟁의 진통을 겪기도 했지만, 이제는 라이언스 계약 체계가 안착하며 하나의 확립된 산업 모델로 자리 잡았다. K-팝의 글로벌 프로듀싱 시스템 또한 힙합, EDM, 라틴 팝은 물론 국악의 사운드까지 전방위적으로 흡수해 독보적인 음악적 혼종(Hybrid)을 만들어냈다. 이는 단순히 해외 트렌드를 답습한 것이 아니라, 전 세계의 음악 언어를 정교하게 조합하고 변형한 끝에 도달한 독자적인 양식의 승리다.

미술사에서 '차용'과 '전유'는 작가들이 세계를 다시 읽어내는 핵심적인 방식이었다. 위대한 미술은 완전히 무에서 탄생하는 것이 아니라 기존의 시각 언어와 상징을 해체하고 재구축하며 발전해왔다. 르네상스 거장들이 고대의 신화를 차용해 인문학적 세계관을 구축했듯, 미켈란젤로와 라파엘로의 미학 또한 과거의 유산을 당대의 시선으로 다시 세운 결과물이었다.

20세기에 들어서면 차용은 더욱 적극적이고 실험적인 미학으로 진화한다. 피카소는 아프리카 조각의 원시적 형상과 세잔의 구조적 회화를 결합해 입체파라는 혁명적인 시각 체계를 창조했다. 디에고 벨라스케스의 걸작 <시녀들(Las Meninas)>(1656)*을 해체하고 재구성한 피카소의 연작**은 원작의 구도를 유지하면서도 색채와 관점의 질서를 완전히 바꾼 것이었다.

*
벨라스케스
<시녀들>

**
피카소
<시녀들>

현대 패션의 전설이 된 이브 생 로

랑의 '몬드리안 드레스' 역시 단순한 패턴의 복제가 아니라, 몬드리안의 시각 언어를 여성의 신체라는 입체적 공간으로 번역해낸 창조적 전유였다. 이처럼 미술에서 차용과 전유는 단순 모방이 아니라 기존 세계를 다시 읽어 새로운 의미를 생산해내는 능동적인 창작 행위다.

리믹스의 메커니즘: 빌리고, 변형하고, 다시 창작한다

리믹스 문화의 창작 방식은 세 단계의 과정으로 나뉜다. 첫 번째는 차용(Borrow)으로, 이미 존재하는 이야기와 멜로디 등 원재료를 확보하는 단계다. 두 번째는 변형(Transform)이다. 단순 복제를 넘어 의미와 형식을 새롭게 재배열하고 해석하는 과정으로, 장르를 뒤틀거나 서사를 전복시키는 창의적 개입이 일어난다. 마지막 단계는 창작(Create)이다. 앞선 과정을 거쳐 원작과는 독립된 생명력을 지닌 새로운 작품이 탄생하는 지점이다.

리믹스는 의미의 재조합을 통해 새로운 가치를 창출하는 창작의 지평 확장이다. 저작권은 원본을 빗장으로 잠그는 제도라기보다는 창작과 모방의 경계를 설정함으로써 새로운 변형이 일어날 수 있는 여지를 남겨두는 문화적 가이드라인이다. 창작의 미래는 폐쇄적 소유가 아니라 열린 진화의 흐름 속에 존재한다. 리믹스는 과거의 창작물과 대화를 이어가며 그것을 새로운 시대의 언어로 고쳐 쓰는 과정이다. 이제 창작자에게 던져진 질문은 '완전히 새로운 것이 가능한가?'가 아니라 '이미 존재하는 세계를 어떻게 다시 연결해 새로운 의미를 잉태할 것인가?'로 바뀌고 있다.

열린 창작 생태계는 단순 공유나 무단 이용이 아니라 공정한 인정과 책임 있는 변형이 전제될 때 비로소 지속 가능하다. 우리는 과거를 참고하되 반복하지 않으며, 차용하되 복제하지 않는다. 그 치열한 재구성의 틈새에서 비로소 다음 세대의 창작이 태어난다.

창작자의 감각 - 리믹스 문화

현대 창작은 기존 콘텐츠를 주체적으로 차용하고 변형하여 재창조하는 리믹스 문화나. 리믹스는 인류 문명의 시삭부터 손재해온 가장 오래된 창작의 본능이며, 과거의 유산을 존중하는 책임 있는 차용과 독창적 해석의 결합 위에서 창작의 미래가 탄생한다.

·

저작권은 오랫동안 창작의 세계를 지탱해온 핵심적인 보호 장치였다. 창작자가 자신이 만든 작품으로 정당한 보상을 받을 수 있어야 창작이 지속되고, 문화 산업이 성장하며, 후속 세대가 창작을 직업으로 선택할 수 있기 때문이다. 그러나 동시에 창작의 역사는 공유와 재사용, 그리고 집단적 확장을 통해 발전해왔다. 인간의 창작 활동은 결코 고립된 행위가 아니며, 언제나 이전의 내용과 유산, 그리고 관습을 기반으로 진화해왔다. 이 지점에서 우리가 주목해야 할 개념이 바로 퍼블릭 도메인(Public Domain)과 오픈 콘텐츠다.

저작권은 영원하지 않다. 한국을 포함한 대부분 국가에

서는 저작자 사후 70년이 지나면 저작권 보호가 종료된다. 이 시점부터 작품은 사회 전체의 자산이 된다. 즉, 더는 특정 개인이나 기업의 소유물이 아니며, 모두가 자유롭게 접근하고 사용할 수 있는 문화적 공공재가 되는 것이다.

대표 사례는 음악 역사에서 쉽게 찾을 수 있다. 바흐, 모차르트, 베토벤, 쇼팽, 바그너의 악보와 작곡물은 이미 보호기간이 끝났기 때문에, 누구든지 자유롭게 연주·편곡·녹음·각색할 수 있다. 그러나 여기서 흔히 오해가 발생한다. '모차르트 음악은 퍼블릭 도메인이니 아무 음원이나 가져다 써도 무방하다'라는 식의 해석은 잘못된 것이다.

모차르트의 악곡 자체는 저작권이 없지만, 현대 오케스트라가 연주해 녹음한 음원에는 새로운 권리가 발생한다. 이를 저작인접권(Neighbouring Rights)이라고 부르며, 연주자·실연자·음반 제작자에게 법적으로 부여된다. 따라서 빈 필하모닉이 연주한 모차르트 교향곡 음원을 광고에 쓰고 싶다면, 악보 사용은 자유롭지만 녹음본 사용은 별도의 허락과 비용이 필요하다. 즉, 악곡은 공공재가 되었지만 연주는 여전히 보호받아야 할 창작이다. 이 구분은 퍼블릭 도메인 활용의 핵심 원칙이다.

퍼블릭 도메인의 역할: 재발견, 재해석, 재창조

퍼블릭 도메인은 단순히 오래된 저작물이 '무료로' 제공되는 공간이 아니다. 과거의 문화가 현재의 창작으로 다시 살아나도록 돕는 창의적 순환의 통로이자 현대 문화산업의 중요한 기반 구조다. 한 시대를 풍미했던 작품이 보호기간이 만료된 후, 새로운 세대의 창작자에게 영감을 제공하고 다시 쓰이고 다시 보여지는 것이다. 퍼블릭 도메인은 단순한 '끝'이 아닌 창조를 위한 또 다른 '시작'이다.

퍼블릭 도메인은 보호기간이 끝나 자동으로 공유되는 경우 외에도, 창작자 스스로 자신의 저작물을 조건부로 개방하는 방식으로도 형성된다. 이를 '오픈 라이선스(Open License)'라고 부르며, 대표적으로 크리에이티브 커먼즈(Creative Commons, CC)가 있다. CC 라이선스는 사용자가 저작물을 자유롭게 활용할 수 있도록 하되, 출처 표시(Attribution, BY), 비영리 사용(Non-Commercial, NC), 수정 금지(No Derivatives, ND), 동일 조건 변경 허락(Share-Alike, SA) 등의 조건을 부여할 수 있다. ND(수정 금지)는 저작물을 원본 그대로만 사용할 수 있도록 하며, 수정, 번역, 편집 등 2차적 저작물의 제작을 일체 금지하는 반면, SA(동일 조건 변경 허락) 라이선스는 저작물을 수정하거나 변형하여 2차적 저작물을 만들 수 있으나 해당 결과물에는 반드시 원저작물과 동일한 라이선스를 적용해야 한다. 즉, ND는 '원본 그대로 사용'만 가능하고, SA는 '수정 가능하되 동일한 조건으로 공유'해야 한다는 점에서 차이가 있다.

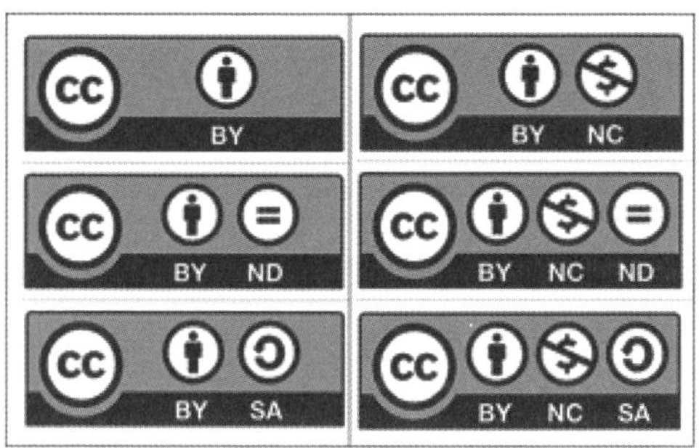

CC 라이선스

이와 유사하게, 한국의 '공공누리(KOGL)' 제도는 공공기관이 생산한 이미지와 영상, 문서 등을 조건부로 국민에게 개방하여 공공정보의 문화적 재슈화을 실현하는 정책적 구조로 작동한다.

오늘날 전 세계 주요 문화기관은 퍼블릭 도메인을 통해 창작 기반을 넓히고 있다. 메트로폴리탄 미술관, 루브르 박물관, MoMA, 네덜란드 국립미술관(Rijksmuseum) 등은 수만 점의 작품 이미지를 온라인에 고해상도로 공개하고 있다.

공공누리 제도

이 자료들은 디자이너와 작가, 개발자 등에게 새로운 콘텐츠 제작의 출발점이 되고 있으며, AI 학습 데이터로도 활용된다. 이처럼 퍼블릭 도메인과 오픈 콘텐츠는 창작의 진입장벽을 낮추고, 누구나 '창작자'가 될 수 있는 토대를 제공한다.

그러나 퍼블릭 도메인이나 오픈 라이선스가 '아무렇게나 써도 되는 자유'를 의미하지는 않는다. 공유는 상호 존중과 규칙의 기반 위에서만 유지될 수 있다. 출처를 명확히 표기하지 않거나 조건을 무시한 채 상업적 이용을 강행하는 경우, 공유는 협업이 아니라 무단 도용이 된다. 원저작물은 퍼블릭 도메인이라 할지라도 이를 기반으로 한 새로운 번역, 연주, 녹음 등에는 별도의 저작권이나 저작인접권이 발생할 수 있음에 유의해야 한다. 예를 들어, 모차르트의 악보는 자유롭게 사용할 수 있지만, 2026년에 연주된 실황 음원은 연주자와 제작자의 권리가 보호되는 식이다.

모든 책과 그림에 접근할 수 있는 세계

디지털 시대의 그 대표적인 사례가 바로 구글의 도서 검색 프로젝트(Google Books Project)이다. 구글은 2004년부터 수천만 권을 스캔하여 '모든 책에 접근할 수 있는 세계'를 만들겠다는 야심 찬 계획을 추진했다. 이는 퍼블릭 도메인 논의에서 빠질 수 없는 상징적인 사례다. 물론 미국작가조합(Authors Guild)은 저작권 침해를 이유로 소송을 제기했지만, 법원은 구글의 목적이 '전체 복제나 무단 배포'가 아닌, 검색과 인용 중심의 공익적 목적임을 인정하고 '공정 이용' 판결을 내렸다. 결과적으로 독자들은 책의 전문을 다운로드할 수는 없어도 일부를 검색하거나 미리보기 할 수 있게 되었다. 이 사례는 디지털 시대에 '열람은 가능하되 소유는 아님'이라는 균형 모델을 제시한 전환점이 되었다.

미술계 역시 이러한 디지털 개방 흐름에 동참하고 있다. 메트로폴리탄, 루브르, 미국 국립미술관, 네덜란드 국립미술관 등 주요 미술관은 퍼블릭 도메인 작품들을 고해상도로 공개하고 있다. 다만 대부분은 비상업적·학술적 목적에 한해 활용 가능하며, 상업적 사용을 원할 경우 별도의 라이선스 계약이 필요하다. 미술관은 이제 단순한 전시 기관이 아니라 문화와 지식 자원을 관리하고 유통하는 핵심 플랫폼이 된 셈이다. 이 시스템 역시 '열람과 학습은 자유롭게 하되, 출처 표기는 필수이며, 상업적 이용은 허가제'라는 원칙 아래 운영된다.

오늘날 우리는 '창작을 막을 것인가, 전부 허용할 것인가'라는 이분법이 아닌, 그 사이의 균형을 고민해야 한다. 퍼블릭 도메인은 문화의 확산과 재탄생을 위한 토양이고, 저작권은 창작자의 정당한 보상과 지속성을 위한 보호 장치다. 완전한 개방도, 완전한 폐쇄도 해답이 될 수 없다. 미래의 문화 생태계를 위해서는 개방과 보호가 조화를 이루는 제도 설계와 사회적 합의가 필요하다.

창작자의 감각 - 퍼블릭 도메인

퍼블릭 도메인은 창작의 자양분이며, 오픈 라이선스는 창작의 지평을 넓힌다. 진정한 창의성은 개방과 통제 사이의 균형을 찾아나가는 과정에서 발현된다. 공유의 가치를 존중하는 것이 곧 새로운 창작을 가능케 하는 힘이다.

CHAPTER 6

위협

너무 쉬운 카피가
우리를 위협할 때

'복제는 늘 있었는데, 왜 기술의 발전은 위협적으로 느껴질까?'

기술은 언제나 세상을 바꿔왔지만 새로운 기술이 등장할 때마다 사회는 두려워했고 법과 산업은 크게 흔들렸다. 인쇄술부터 사진기, 라디오, 비디오, MP3, 스캐너, 스트리밍에 이르기까지 모든 기술적 진보는 늘 공포와 함께 왔다. 이제 명령 한 번으로 정교한 문장과 이미지, 심지어 목소리까지 만들어내는 AI 시대가 도래했다.

이 '카피와 생성이 너무 쉬운' 세상은 무엇을 어떻게 바꾸게 될까? 그 안에서 우리는 무엇을, 어떤 가치를 지켜내야 할까? 이번 장에서는 DRM 같은 디지털 자물쇠가 정당한 보호인지 혹은 창작을 가로막는 억압인지, 공정 이용과 접근권은 어디까지 인정되어야 하는지, 그리고 거대 플랫폼은 단순한 유통 도구인지 아니면 준사법적 도구인지 같은 핵심 쟁점을 짚어보려 한다. 동시에 창작자에게 가장 절실한 질문인 '내 작품이 너무도 쉽게 복제될 때, 어떻게 대응해야 하는가?'에 대한 답을 찾아본다.

창작자의 불안을 키우기보다, 무분별한 침해를 막고 때로는 영리한 협상과 라이선스로 기회를 얻어, 다시 창작할 수 있는 지속 가능한 생태계를 만드는 것이 목적이다.

기술의 발전과
혁신의

두려움

•

기술은 언제나 세상을 바꾸어왔지만, 그 변화가 받아들여지기까지의 과정은 마찰의 연속이었다. 새로운 기술은 필연적으로 기존의 질서, 직업, 그리고 법체계와 충돌하며 저항을 불러일으켰다. 19세기 영국에서 증기 자동차가 처음 등장했을 때에도 사람들은 혼란에 빠졌다. 기존 이동 수단인 마차를 위협하는 소음과 속도에 언론은 '기계 괴물'이라며 비난을 퍼부었고, 정치권은 이를 억제하기 위해 1865년, 지금으로선 믿기 어려운 법을 제정한다. 자동차가 도로를 달릴 때 반드시 붉은 깃발을 든 사람이 약 55미터 앞에서 앞장서 걸으며 위험을 경고해야 한다는, 이른바 '적기조례(Red

Flag Act)'가 그것이다. 속도도 시외에서는 시속 약 6.4킬로미터, 도심에서는 시속 약 3.2킬로미터로 제한되었고, 이는 자동차 산업 발전을 30년 이상 후퇴시키는 사건이었다.

그러나 시간이 지나자 사회는 결국 자동차가 선사하는 효율성과 경제적 이익을 선택했고, 법은 기술의 속도를 뒤따라가며 개정됐다. 이로써 우리가 알 수 있는 사실은, 법은 기술보다 항상 늦게 움직이지만 결국 균형점을 찾아내며 조정된다는 사실이다.

역사에서도 비슷한 패턴은 반복되었다. 구텐베르크의 인쇄술이 등장하자 수도원의 필사 장인들은 '지식의 타락'을 경고하며 거세게 반발했지만, 인쇄술은 결국 인류 지식의 보고가 되었다. 19세기 사진기의 등장은 예술가들에게 '회화의 종말'이라는 공포를 심어주었으나, 결과적으로는 초상권과 저작권, 보도윤리라는 현대적 개념을 탄생시켰다. 20세기 초 라디오가 음악을 공짜로 틀어주었을 때 작곡가들은 절망했지만, 이는 오히려 저작권료 징수 체계와 방송 사용료라는 새로운 시장 모델을 정립하는 계기가 되었다.

복제 기술이 정교해질 때마다 산업은 붕괴를 예견했지만, 법은 그때마다 '공정 이용'이라는 지혜를 발휘해 기술의 손을 들어주었다. 1980년대 소니(Sony v. Universal) 판결이 대표적이다. 가정용 비디오 녹화기(VCR)를 '영화 산업의 파괴자'로 몰아세운 영화사들에 미 대법원은 "시간 이동(Time-Shifting) 목적의 녹화는 공정 이용에 해당하며, 기술 자체에 죄를 물을 수는 없다"고 판결했다. 기술은 범죄의 도구가 아니라 새로운 시장을 창조하는 에너지임을 법적으로 선언한 것이다.

이 흐름은 디지털 시대로 넘어오며 더욱 가속화되었다. 냅스터(Napster)와 소리바다로 대표되는 MP3 파일 공유 전쟁은 음악 산업의 근간을 뒤흔들었으나, 역설적이게도 애플의 아이튠즈(iTunes)와 같은 곡 단위 구매 모델, 그리고 현재의 스포티파이나 멜론 같은 스트리밍 플랫폼으로의 전환을 이끄는 혁신의 도화선이 되었다. 출판계의 북스캔 기술이나 영상 업계의 DRM(Digital Rights Management: 디지털 권리 관리) 시스템 도입 역시 단속과 금지만으로는 혁신을 막을 수 없다는 깨달음 끝에 나온 서비스 혁신의 결과물들이다.

AI 시대, 창작과 복제의 경계가 사라지다

게다가 우리는 이제 이전의 모든 변화를 압도하는 생성형 AI라는 거대한 파도 앞에 서 있다. AI는 창작물을 복제하고 가공하는 속도를 무한대로 끌어올렸다. 과거에는 숙련된 노동과 기술이 필요했던 모사나 편곡이 이제는 버튼 하나로 즉시 실행된다. 풍요의 이면에 자리 잡은 불안의 실체는 이제 '누가 복제했는가?'를 넘어 '무엇이 원본이고, 누가 저자인가?'라는 근본적인 질문으로 옮겨가고 있다.

AI가 특정 가수의 음색을 100%에 가깝게 재현하는 딥페이크(Deepfake) 보컬 커버는 실연자의 고유한 권리를 위협하고, 특정 작가의 화풍을 학습한 AI가 같은 스타일의 그림을 무한 생성해내는 현실은 원작의 가치와 학습 데이터의 윤리 문제를 정면으로 건드린다. 또한 방대한 데이터를 학습한 AI 자동 글쓰기 도구는 베스트셀러 문체를 정교하게 모사하며 창작과 표절의 경계를 희미하게 지워버리고 있다.

역사가 증명하듯, 기술은 언제나 기존 저작권 체계를 흔들었지만 결국은 새로운 질서를 만들어냈다. 법은 기술보다 늦을지언정, 그 지연된 시간만큼 더 정교한 균형을 요구받는다. 이제 법의 역할은 단순히 기술을 규제하는 것을 넘어 창작자의 존엄을 지키면서도 기술의 혁신을 수용하는 공존의 생태계를 설계하는 데 있다. 우리는 지금, 다시 한번 '적기조례'의 실수를 반복할 것인지, 아니면 새로운 시대의 질서를 선제적으로 세울 것인지 선택의 기로에 서 있다.

창작자의 감각 – 혁신의 순환

모든 혁신은 기존 질서와의 충돌을 거쳐 새로운 표준으로 자리 잡는다. 역사 속의 기술 위협은 늘 새로운 수익 모델과 산업 구조를 낳는 기폭제가 되었다. 창작과 혁신의 공존을 위해서는 금지가 아닌, 정교한 권리 배분과 균형이 필요하다.

접속의 시대와

사라진
소유권

·

디지털 환경에서 저작권은 더 이상 종이 위의 '법률 조항'
에만 머물지 않는다. 콘텐츠가 빛의 속도로 복제되고 국경
없이 유통되는 오늘날, 법의 집행 속도는 기술의 복제 속
도를 따라잡기 점점 어려워졌다. 이 간극을 메우기 위해
등장한 것이 바로 '기술적 보호조치', 즉 DRM(Digital Rights
Management)이다.

디지털 자물쇠, 소유에서 접속으로

DRM은 간단히 말해 창작물을 잠그는 '디지털 자물쇠'다. 파일을 복사하지 못하게 막거나, 특정 기기에서만 재생되도록 제한하며, 정해진 시간이 지나면 접근권을 회수하는 방식이다. 이는 창작자의 권리를 지키는 동시에, 역설적으로 이용자의 접근과 정당한 사용을 제한하는 창살이 되기도 한다. 기술 발전이 무한 복제를 가능케 하는 창이라면, DRM은 이를 막는 방패가 되어 끝없는 공방을 이어가고 있는 셈이다.

미국은 1998년 DMCA(디지털 밀레니엄 저작권법)를 통해 DRM 우회 행위 자체를 엄격히 금지했으나, 이는 곧 거센 반발에 직면했다. 소비자는 '내가 돈을 내고 산 콘텐츠를 왜 내 마음대로 이용하지 못하느냐'며 소유권 약화를 성토했고, 학계는 DRM이 '공정 이용'이라는 공익적 가치를 봉쇄한다고 비판했다. 결국 미 의회는 시각장애인을 위한 접근성 확보나 교육 목적의 영상 추출 등 예외적인 경우에 한해 DRM 해제를 허용하는 유연한 균형점을 찾아나가고 있다.

음악 산업은 DRM 논쟁이 가장 뜨겁게 전개된 분야 중 하나다. 디지털 음원 시장 초창기에 DRM은 불법 파일 공유를 막는 강력한 방패였으나, 이용자들에게는 지독한 불편을 안겨준 장치였다.

　대표적인 사례가 초기 애플의 아이튠즈다. 당시 사용자는 구입한 음악 파일을 오직 애플 기기에서만 재생할 수 있었다. 불법 다운로드로부터 시장을 보호하겠다는 명분이었지만, 소비자들은 '구매한 음악의 재생 기기까지 통제받아야 하느냐'며 거세게 저항했다. 결국 2009년 애플은 모든 음원의 DRM을 철폐하며 백기를 들었다.

　하지만 이와 같은 사건들은 결과적으로 음악 산업의 패러다임을 '소유'에서 '이용(접속)'으로 통째로 바꾸어놓는 계기가 되었다. 스포티파이나 멜론 같은 스트리밍 플랫폼은 DRM을 유지하되, 개별 곡을 소유하는 방식이 아닌 '무제한 접근권'이라는 서비스 모델을 제시했다. 이제 DRM은 이용자를 제약하는 족쇄가 아니라, 거대한 라이브러리를 관리하는 시스템의 일부로 재해석되고 있다. 음악은 이제 소유하는 물건이 아니라 언제 어디서든 연결되는 문화적 경험으로 진화한 것이다.

NFT, 디지털 세계에서 세운 '원본'의 성벽

미술과 디지털 아트 분야에서 '원본'의 개념은 기술과 만나 더욱 복잡해졌다. 특히 NFT(Non-Fungible Token: 대체 불가능 토큰)는 그 변화를 상징하는 대표적 사례다. 전통 예술에서 원본은 물리적으로 단 하나이지만, 디지털 파일은 복제 비용이 0에 가깝고 무한 복제가 가능하다. NFT는 블록체인 기록을 통해 디지털 파일에 '유일성'을 부여함으로써 원본 개념을 기술적으로 재설계했다. 이는 디지털 예술가에게 새로운 시장을 열어준 '현대적 DRM'으로 평가된다.

그러나 비판도 만만치 않다. 누구나 JPG 파일을 다운로드할 수 있는 환경에서, 단지 특정 지갑 주소에 적힌 '인증 기록' 하나가 수억 원의 가치를 지니는 구조는 '소유의 환상'에 불과하다는 지적이다. NFT가 예술의 대중적 접근권을 제한하고 예술 시장을 투기화하고 있다는 우려도 여전히 제기되고 있다.

오프라인 미술관에서 겪는 사진 촬영 금지 규정도 흥미로운 쟁점이다. 많은 이들이 이를 법적 금지로 오해하지만, 상당수는 저작권법이 아닌 관람객과 미술관 사이의 관람 계약(contract of adhesion)에 기반한다. 관람객은 입장권 구매 시 '촬영 금지'라는 이용 조건에 암묵적으로 동의한 셈이다. 따라서 이를 위반하는 것은 저작권 침해 이전에 '계약 위반'의 성격이 강하다. 물론 살아 있는 작가의 작품을 촬영해 무단 업로드하는 것은 명백한 저작권 침해지만, 저작권이 소멸한 고전 미술조차 촬영을 막는 것은 작품을 보존하고 전시 브랜드를 관리하려는 미술관의 플랫폼 전략이라 이해해야 한다.

DRM 논쟁은 출판 산업에서도 뜨거운 감자다. 전자책 시대가 열리며 독자들은 새로운 피로감에 직면했다. 책을 분명 '구매'했는데 단말기를 바꾸면 읽을 수 없거나 다운로드 횟수가 제한되는 현실 때문이다. 가장 충격적인 사례는 아마존의 킨들(Kindle) 사건이다. 2009년 아마존은 저작권 문제가 발생했다는 이유로 조지 오웰의 소설 『1984』를 구매자의 기기에서 원격으로 강제 삭제했다. 이는 전 세계 독자들에게 '전자책은 소유물이 아니라 통제되는 접근권에 불과하다'는 자각을 안겨주었다. 소설의 내용처럼 독자가 소유한 책이 빅브라더(플랫폼)에 의해 사라질 수 있음을 증명한 셈이다.

한국 시장 역시 플랫폼마다 제각각인 DRM 시스템 탓에 구매한 책들이 여러 앱에 흩어져 있는 불편이 계속되고 있다. 다만, 최근 '구독형 모델'이 정착되면서 소유보다 접근성을 우선시하는 소비 성향도 강해지고 있다. 독자들은 이제 책을 내 서가에 꽂아두는 물리적 소유보다, 언제든 원하는 정보를 탐색할 수 있는 '연결된 경험'을 구매하고 있다.

이처럼 디지털 시대의 저작권은 이제 이전과 다른 새로

운 균형점을 요구한다. 창작자는 자신의 작품과 노동을 정당하게 보호받아야 하고, 기술 혁신은 창작 생태계를 확장하고 새로운 표현과 산업을 탄생시킬 수 있어야 한다. 그러나 동시에 이용자 역시 과도한 통제 속에 갇힌 소비자가 아닌, 문화에 접근하고 탐색할 자유를 가진 존재로 존중받아야 한다. 즉, 저작권은 보호와 제한 중 하나를 선택하는 구조가 아니라 창작자·기술·사용자가 공존할 수 있도록 설계되어야 한다.

창작자의 감각 – 접근성

디지털 시대의 저작권은 창작자 보호와 이용자 접근권 사이의 치열한 균형 잡기다. 창작과 이용의 공존을 가능하게 하는 창작 생태계가 필요하다.

책임은
누구에게 있는가

•

디지털 플랫폼 시대의 저작권은 더 이상 개별 침해의 유무를 가리는 지엽적인 싸움에 머물지 않는다. 창작물은 이제 독립된 파일 대신 플랫폼의 알고리즘에 의해 분류되고 네트워크 속에서 실시간으로 스트리밍되며 끊임없이 변주된다. 이에 따라 저작권 논의의 핵심도 '누가 침해했는가?', '누가 이익을 가져갔는가?'에서 '누가 이 거대한 흐름을 통제하고 책임져야 하는가'로 이동하고 있다. 유튜브, 틱톡, 인스타그램 등은 이제 단순한 유통 창구가 아니다. 그들은 알고리즘을 통해 저작물의 가치를 매기고 확산을 결정하는, 사실상 '디지털 규제자'로 군림하고 있다.

플랫폼의 과도한 통제를 상징적으로 보여준 사례가 2009년 발생한 네이버의 '미쳤어' 영상 삭제 사건이다. 다섯 살 딸이 가수 손담비의 노래를 육성으로 따라 부르는 약 53초 분량의 일상 영상을 블로그에 올린 이용자는 네이버로부터 느닷없는 '침해 판정'과 삭제 통보를 받았다. 이는 저작권협회의 요청에 따른 기계적인 대응이었으나, 곧 '저작권 보호'라는 명분이 개인의 '표현의 자유'를 어디까지 억압할 수 있는가에 대한 거대한 사회적 논쟁으로 번졌다. 2010년 법원은 이 영상을 저작권 침해가 아닌 '공정 이용'으로 인정하며 이용자의 손을 들어주었다. 상업적 목적이 없는 순수한 일상 기록조차 무차별적으로 삭제하던 플랫폼의 관행에 경종을 울린 것이다. 하지만 이 사건은 플랫폼이 사법기관이 아님에도 불구하고 '알고리즘'과 '정책'이라는 이름 아래 여전히 사전 검열에 가까운 통제권을 행사하고 있다는 차가운 진실을 상기시킨다.

이러한 '준사법적 통제'는 유튜브의 콘텐트 ID(Content ID) 시스템에서 더욱 극명하게 나타난다. 유튜브는 신고가 접수되면 법적 검증 절차 없이 즉각 광고 수익을 차단하거나 영상을 비공개 처리한다. 창작자들 사이에서 '저작권법보다 무서운 것이 유튜브 알고리즘'이라는 탄식이 나오는 이유다. 이는 민간 플랫폼이 법의 테두리를 넘어 창작 생태계의 생사여탈권을 쥐고 있는 기형적인 구조를 여실히 보여준다.

법적 논의에서 플랫폼을 지켜주는 가장 강력한 방패로 기능하는 것이 'ISP(인터넷 서비스 제공자) 책임 면제 원칙', 이른바 '세이프 하버(Safe Harbor)' 규정이다. 미국의 DMCA(디지털 밀레니엄 저작권법)를 비롯해 유럽연합과 한국의 관련 법들은 플랫폼 운영자가 사용자의 모든 게시물을 사전에 감시할 의무는 없다고 명시한다. 침해 사실을 직접 알았거나 유도하지 않은 이상, 사후에 적절한 조치(삭제 및 차단)만 취하면 책임을 묻지 않는 것이다. 우리 대법원 역시 포털 운영자가 통제할 수 없는 게시물에 대해 자동적 책임을 지지 않는다는 점을 명확히 했다.[14]

그러나 이 규정은 역설적인 문제를 낳았다. 플랫폼은 법적 책임을 피하기 위해 침해 신고에만 수동적으로 대응하거나, 반대로 과잉 규제를 통해 정당한 창작물까지 삭제해버리는 모순에 빠진 것이다. 세이프 하버는 플랫폼에 평화를 주었지만, 창작자와 이용자에게는 여전히 혼란스러운 전쟁터를 남겨두었다.

알고리즘이라는 보이지 않는 손

그동안 법원은 플랫폼이 기술적 매개체에 불과하다면 책임을 묻기 어렵다는 입장을 견지해왔다. 예를 들어, 플랫폼이 단순히 외부 저장소 링크를 제공했을 뿐 실제 파일을 직접 업로드하거나 유통한 것이 아닌 경우, 또는 사용자가 저장한 파일을 서버가 자동 전송했을 뿐 운영자가 개입하지 않은 경우, 플랫폼의 책임은 인정되지 않았다. 이러한 판결의 흐름은 저작권 침해에 대한 책임이 단순 참여나 기술 제공 여부가 아니라 행위를 통제할 수 있었는가, 그리고 그로 인해 경제적 이익을 얻었는가에 따라 판단해야 한다는 방향성을 제시한다.

그러나 플랫폼이 '전달자'에 불과하다는 전제는 점차 설득력을 잃어가고 있다. 오늘날 플랫폼은 콘텐츠의 노출과 수익을 결정하는 명백한 '게이트키퍼(Gatekeeper)' 역할을 하기 때문이다. 유튜브의 추천 알고리즘은 단순한 정렬 도구가 아니라 창작자의 수익 구조를 결정하는 일종의 권력이다. 이미지 기반 SNS는 출처를 지운 콘텐츠를 확산시키는 구조를 방관하고, 불법 공유 사이트는 타인의 연구 결과물로 광고 수익을 챙긴다. 이 모든 과정에서 플랫폼은 '중립적 기술'이라는 가면 뒤에 숨어 이익을 독점해왔다.

앞으로의 규제는 단순 처벌과 검열을 넘어 플랫폼의 혁신과 창작자 보호가 공존하는 '절차적 정의'를 세우는 방향으로 나아가야 한다. 이를 위해 첫째, 플랫폼은 콘텐츠 차단에 있어 명확한 기준과 이의제기 절차를 투명하게 공개해야 한다. 알고리즘의 판단이 창작자의 권리를 침해할 때, 이를 즉각적으로 바로잡을 수 있는 인간적 소통 창구가 보장되어야 한다. 둘째, 경제적 구조의 재정립이 절실하다. 플랫폼이 이익의 대부분을 가져가고 창작자는 최소한의 보상에 머무는 지금의 구조는 지속 가능하지 않다. 광고 수익과 연동된 투명한 로열티 지급 체계를 플랫폼 스스로 구축해야 한다. 셋째, AI 기반의 권리 검증 시스템 역시 투명성을 확보해야 한다. 누가, 어떤 기준으로 나의 권리를 제한했는지 창작자가 상시 확인할 수 있는 기록 시스템이 필요하다. 패러디나 교육적 목적의 사용처럼 '맥락'이 중요한 콘텐츠는 무조건적인 사전 필터링 대신 사후적인 판단 구조를 통해 창작의 숨통을 틔워주어야 한다.

미래의 저작권은 기술을 이용해 창작물을 가두는 자물쇠가 아니라 플랫폼과 기술, 이용자가 공존할 수 있는 '유연한 생태계'의 설계도가 되어야 한다. 창작자가 안심하고 자신의 세계를 펼칠 때, 비로소 플랫폼도 그 위에서 지속 가능한 성장을 이어갈 수 있기 때문이다.

창작자의 감각 – 플랫폼의 책임

디지털 플랫폼의 저작권은 개별 침해를 넘어 알고리즘의 역할과 책임의 문제를 안고 있다. 플랫폼은 단순 전달자를 넘어 준사법적 권한에 걸맞은 사회적 책임을 다해야 한다. 투명성과 보상 구조의 재편이야말로 플랫폼 생태계를 살리는 유일한 길이다.

삭제와
소송을 넘어
운영 전략으로

디지털 시대에 창작물은 더 빨리, 더 넓게, 더 다양한 방식으로 이동한다. 이런 환경에서 저작권 분쟁은 더 이상 '나쁜 침해자'를 잡아내는 단순한 게임이 아니다. 창작자, 플랫폼, 알고리즘이 촘촘하게 얽힌 복잡한 생태계에서 한번 업로드된 콘텐츠는 통제 불가능한 속도로 확산된다. 이제 저작권 보호는 뒤늦게 범인을 찾아내는 사후 처방이 아니라 창작을 지속하기 위한 사전적 '운영 전략'으로 패러다임을 전환해야 한다.

그 시작은 '기록과 선언'이다. 저작권은 창작과 동시에 발생하지만, 분쟁의 승패는 '언제, 누가 만들었는가'를 입증하는 증거 싸움에서 갈린다. 한국저작권위원회 등록, 음원의 ISRC 코드 발급, 출판 ISBN 부여, 이미지의 블록체인 원본 등록 등은 침해 발생 시 창작자를 지켜줄 가장 강력한 증거가 된다. 또한 저작물에 남기는 ⓒ 표기나 디지털 워터마크(Digital Watermark)는 단순한 형식을 넘어 침해 의지를 꺾는 심리적 저지선이자 창작자가 자신의 권리를 선언하는 전략적 행위이다.

온라인상에서 침해를 발견했을 때 가장 치명적인 실수는 '나중에 한꺼번에 대응하겠다'며 시간을 끄는 것이다. 디지털 콘텐츠는 확산 속도가 기하급수적이기에, 피해를 최소화하는 유일한 길은 발견 즉시 확산을 멈추는 것이다. 이때 가장 유용한 도구가 주요 플랫폼마다 구축된 '통지·삭제(Notice & Take down)' 절차다. 유튜브나 인스타그램의 신고 기능을 활용하거나 한국저작권보호원의 지원을 받아 즉각적인 삭제 조치를 끌어내야 한다. 이 단계의 목표는 처벌이 아니라 '확산의 차단'임을 잊지 말아야 한다. 속도가 곧 방어력이다.

협상과 라이선스, 침해를 기회로 바꾸는 역발상

흥미로운 점은 모든 침해 상황이 반드시 '전쟁'으로 끝날 필요는 없다는 것이다. 때로는 무단으로 사용된 내 콘텐츠가 이미 막대한 조회수와 팬덤을 확보하고 있을 수도 있다. 이때는 무조건적인 삭제보다는 이를 '정식 비즈니스'로 전환하는 영리한 협상이 필요하다.

예를 들어, 유튜버가 창작자의 음악을 영상에 사용했다면 단순 삭제보다 광고 수익을 일정 비율로 공유하는 방식을 사용할 수 있다. 또한 기업이 이미지를 무단 사용했다면, 소송 비용과 시간을 낭비하는 대신 라이선스 계약을 체결해 정식 이용료를 청구하는 방식도 가능하다. 이처럼 침해를 새로운 시장 창출이나 장기적 수익 모델로 바꾸는 '라이선스 전략'은 위기를 기회로 만드는 창작자의 노련한 운영 기술이라 할 수 있다.

만일 협상과 자발적 삭제가 통하지 않을 때 창작자가 선택할 수 있는 법적 대응 방식은 민사·형사·행정 절차로 나누어 볼 수 있다. 첫째로 민사 구제는 침해 자체를 멈추게 하고 손해를 회복하는 것이 목적이다. 권리자는 법원에 침해행위 금지 청구 및 손해배상 청구를 제기할 수 있는데, 실제 손해 입증이 어려운 디지털 침해라도 저작물당 1,000만

원 이하, 영리 목적의 고의적 침해의 경우 5,000만 원 이하까지 손해배상을 청구할 수 있다.

둘째로 형사 구제는 침해자를 처벌하는 절차다. 고의적 침해나 상업적 이용, 반복적 범행의 경우 징역형 또는 벌금형이 가능하다. 실제로 웹툰 불법 공유 사이트 '밤토끼', 불법 OTT '누누티비' 운영자는 징역형과 수십억 원대 추징금을 부과받았다.

마지막으로 행정적 구제는 피해 확산을 빠르게 막는 절차다. 한국저작권보호원, 방송통신심의위원회 등은 사이트 차단, 검색 제한, 콘텐츠 삭제 조치 등을 담당하며, 특히 반복적 침해 플랫폼에 대해 DNS 차단·웹하드 등록 취소·시장 퇴출 같은 규제 조치가 가능하다.

하지만 법은 언제나 사후약방문일 뿐이다. 최근의 스마트한 창작자들은 AI 모니터링이나 블록체인 등록 같은 '사전적 보호 기술'을 법보다 더 신뢰한다. 이는 단순히 범인을 잡는 것을 넘어 침해 자체가 일어나기 어려운 환경을 스스로 구축하기 위해서다.

저작권 침해 대응의 본질은 처벌에 있지 않다. 그 진짜 목적은 창작자가 다시 쓸 수 있는, 다시 만들 수 있는 '생존 조건'을 회복하는 데 있다. 저작권은 표현을 제한하는 장벽이 아니라 창작이 직업으로 존속할 수 있는 생태계를 만드는 기초다. 결국 우리가 고민해야 할 질문은 '어떻게 침해를 근절할 것인가'가 아니라 '어떤 구조를 만들어야 창작이 멈추지 않을 것인가'로 귀결되어야 한다. 시스템이 창작자를 보호할 때, 비로소 우리의 문화는 멸종하지 않고 다음 시대로 이어질 수 있다.

창작자의 감각 – 지속성

사후 소송보다는 지속 가능한 관리 모델을 설계하는 것이 디지털 시대의 생존법이다. 속도감 있는 초기 대응과 유연한 라이선스 협상은 침해를 기회로 바꾸는 힘이며, 사전적 보호 장치를 마련하는 것이야말로 강력한 창작자의 방패로 기능할 것이다.

CHAPTER 7

권력

누가, 왜, 무엇을
금지하고 허락하는가

저작권은 과연 창작자의 것일까, 아니면 자본가의 것일까? 작품은 분명 창작자의 손끝에서 탄생하지만, 이후 출판과 제작, 유통, 마케팅, 플랫폼, 알고리즘, 그리고 2차 콘텐츠화까지 개입하면서 거대한 자본의 그물망 속으로 편입된다. 이때부터 저작권은 더 이상 순수한 '보호 규정'에 머물지 않는다. 그것은 누가 계약과 데이터를 통제하고, 브랜드와 세계관의 주도권을 쥐는가에 따라 끊임없이 재배치되는 '권력의 언어'가 된다. 우리는 '누가 창작자인가'보다 '누가 통제권을 가졌는가'가 현실을 결정짓는 장면을 무수히 목격해왔다. 저작권 분쟁 또한 법리 싸움만은 아니다. 시간과 비용, 정보력과 여론전까지 동원되는 자원 전쟁에서 권리는 종종 '끝까지 버틸 힘'을 가진 쪽으로 기울곤 한다.

그렇다면 거대 자본과 플랫폼이 지배하는 이 권력 게임에서 창작자는 무엇을 알고, 어디에 최후의 저지선을 그어야 할까? 이 장에서는 저작권이 어떻게 무형의 자산을 넘어 살아 있는 권력으로 작동하는지 그 메커니즘을 정밀하게 해부한다. 계약서의 행간에 숨은 독소 조항을 읽어내는 실전 감각과 자신의 창작물을 끝까지 지켜내기 위한 협상력을 기르는 법까지, 내 창작의 영토를 지키기 위한 매뉴얼을 함께 모색해보고자 한다.

창작자, 기업, 플랫폼 중

저작권은
누구의 것인가

·

저작권은 이제 창작자의 고유한 표현을 보호하는 법적 제도를 넘어 경제적 자산이자 거대한 권력 구조로 진화했다. 디지털 시대의 콘텐츠는 고고한 예술 작품을 넘어 시장에서 끊임없이 거래되고 확장되는 자산(IP)이다. 이에 따라 저작권의 본질 또한 개인의 권리 보호에서 기획·투자·유통망을 쥔 기업 간의 자원 분배 문제로 그 무게중심이 이동하고 있다.

창작자가 작품을 만든 순간 저작권은 발생하지만, 그 이후의 과정(출판·배급·유통·마케팅·2차 콘텐츠화)은 기업과 플랫폼이 설계한다. 이 과정에서 창작자는 종종 작품에 대한 통제권을 잃어버리게 된다. '창작자에서 사용자로' 흐르던 물길이, 이제는 거대 자본과 계약 조건, 산업 생태계의 복잡한 이해관계 속에서 재구성되는 권력 구조가 된 것이다.

음악 산업은 이러한 권력 갈등이 가장 뜨겁게 분출되는 장이다. 특히 K-팝 아이돌 산업은 막대한 육성 비용과 마케팅 리스크를 명분으로 기획자가 계약의 주도권을 독점해왔다. 그 결과, 수많은 아티스트들이 화려한 무대 뒤에서 정작 자신의 음악적 성과로부터 소외되는 모순을 겪었다.

2009년 동방신기 사건은 이른바 '노예 계약'의 불공정성을 수면 위로 끌어올린 결정적 계기였다. 13년에 달하는 종신 계약 수준의 기간과 불합리한 정산 구조에 제동을 건 법원의 판결은 이후 표준 전속계약서 제정 등 산업의 체질을 바꾸는 기폭제가 되었다. 2021년 걸그룹 이달의 소녀 츄가 정산 문제를 이유로 소속사 블록베리크리에이티브 상대의 소송에서 승소한 사건 역시 대형 기획사와 중소 기획사를 가리지 않고 뿌리 깊게 박힌 연예계의 구조적 불평등을 다시 한번 환기시켰다. 결국 이는 '누가 진짜 창작자인가? 누가 권리를 가져야 하는가?'라는 질문으로 귀결된다. 무대 위에서 영혼을 쏟아내는 아티스트인가, 아니면 그들을 발굴하고 시스템을 구축한 기업인가? 현재의 음악 시장에서 저작권의 저울추는 점차 예술의 가치보다 기업 시스템의 논리 쪽으로 기울고 있다.

2차적 저작물의 소유권은 누구에게 있는가

이와 같은 권력의 불균형은 비단 연예계만의 문제가 아니다. 출판계의 『구름빵』 분쟁은 출판계 불공정 계약 논의를 촉발한 대표적 사건이다. 백희나 작가는 1,850만 원에 2차적 저작물 작성권을 포함한 모든 권리를 한솔교육에 넘겼고, 작품이 애니메이션과 뮤지컬 등으로 거둔 천문학적인 수익에서 철저히 소외되었다. 대법원은 '계약 자유의 원칙'을 근거로 기업의 손을 들어주었지만, 이는 '창작자의 협상력 부족을 악용한 계약이 과연 공정한가'라는 뼈아픈 숙제를 남겼다.

『만화로 보는 그리스 로마 신화』를 둘러싼 분쟁 또한 저작권 해석과 수익 배분 문제에서 비롯되었다. 2001년 체결된 계약에서 가나출판사는 상품화권을 포함한 모든 권리를 양도받았다고 주장했으나, 홍은영 작가는 그 범위를 한정적으로 해석하며 충돌했다. 갈등의 핵심은 투명하지 않은 정산이었다. 출판사가 2004년 애니메이션 <올림포스 가디언> 시리즈의 판매량이 실제 약 1,000만 부가 넘었음에도 약 300만 부로 축소 보고해 인세를 가로챈 사실이 드러났기 때문이다. 법원은 홍 작가의 정당한 인세 권리와 저작인격권을 인정했고, 출판사가 작가에게 약 60억 원을 지급하라고 판결했다. 이 사건은 출판계의 불투명한 관행에 경종을 울리고 저작인격권의 가치를 재확인한 이정표가 되었다.

미술과 웹툰 시장 역시 자본 중심의 구조적 불평등에서 자유롭지 못하다. 미술계는 갤러리와 작가 사이의 불투명한 정산 관행과 2차 콘텐츠 권리를 헐값에 넘기도록 압박하는 매절 계약이 고질적인 병폐로 지적된다. 웹툰 산업 또한 창작자 중심에서 '기업형 IP 자산 모델'로 급격히 재편되면서, 플랫폼이나 CP(콘텐츠 제공사)가 신인 작가의 2차 저작물 권리를 독점하거나 불공정한 수익 배분을 강요하는 사례가 끊이지 않고 있다. 이는 결국 2025년 공정거래위원회가 대규모 불공정 약관을 적발해 시정 명령을 내리는 결과로 이어지며, 화려한 산업 성장 이면에 숨겨진 창작자의 위기를 가감 없이 드러냈다.

거대 자본과 유통망을 가진 기업의 입장에서 보면, 저작권은 리스크를 감수하고 투자한 대가로 얻는 당연한 비즈니스 자산일 수 있다. 산업이 비대해질수록 권리가 자본과 시스템에 집중되는 것은 어쩌면 냉혹한 자본의 순리다. 하지만 플랫폼이 유통 구조를 틀어쥐고 '게이트키퍼' 역할을 독점할 때, 창작자는 원천 콘텐츠를 제공하고도 생태계의 변두리로 밀려나게 된다.

그러므로 미래의 저작권 모델은 결코 어느 한쪽의 독점을 지향해서는 안 된다. 창작자의 존엄한 권리를 바탕으로 하되, 투자와 기술의 가치가 공정하게 맞물리는 '균형의 설계'가 필요하다. 플랫폼은 공공적 책임을 다하고, 이용자의 권리와 창작자의 지속 가능성이 공존하는 체계를 구축해야 한다. 결국 저작권의 진짜 목적은 권리를 독점하는 것이 아니라 창작이 멈추지 않는 건강한 산업 구조를 만드는 데 있기 때문이다.

창작자의 감각 – 불균형성

디지털 시대의 저작권은 보호의 수단을 넘어 산업 권력의 핵심 자산이 되었다. 수익과 통제권이 플랫폼과 기업으로 쏠리는 구조에서 창작자의 입지는 좁아진다. 그러므로 자본의 논리와 창작자의 권리가 상생하는 균형 모델 설계가 필요하다.

저작권 분쟁이
만드는

보이지 않는 불평등

·

저작권 분쟁은 표면적으로는 '권리의 문제'처럼 보이지만, 현실에서는 경제력과 시간, 그리고 법률 자원을 얼마나 동원할 수 있느냐가 실질적인 결과를 좌우한다. 저작권은 단지 법이 보장하는 명문화된 권리에 그치지 않는다. 그 권리를 실질적으로 행사할 수 있는 힘이 필요하기 때문이다.

"무인도에서 미키마우스를 그리면 하늘에서 저작권 변호사들이 헬기를 타고 내려와 소송을 한다"는 농담은 저작권이 지닌 압박력을 상징적으로 보여준다. 거대 기업들은 저작권을 창작의 보호 수단을 넘어, 침입자를 격퇴하는 무기로 사용한다. 여기서 구조적 불균형이 발생한다. 창작자는 피·땀·눈물로 작품을 만들지만, 그 작품을 지키는 데 드는 비용과 에너지를 감당하기란 결코 쉽지 않다.

소송 비용은 그 자체로 이미 거대한 장벽이자 게임의 일부다. 대형 로펌 변호사의 시간당 자문료는 최소 40만 원에서 시작해 100만 원을 상회하기도 한다. 소송이 장기화되어 3년 이상 흐르게 되면, 창작자가 짊어져야 할 부담은 수억 원대에 이른다.

아이러니한 점은 투입되는 비용에 비해 얻을 수 있는 보상은 초라하다는 사실이다. 저작권 침해를 입증하기 위해 감정비와 수임료 등 최소 1,000만 원 이상을 쏟아부어도, 실제 법원에서 인정되는 손해배상액은 100만 원에서 300만 원 남짓에 불과한 경우가 허다하다. 배보다 배꼽이 더 큰 이 기형적인 구조 속에서 개인 창작자에게 소송은 '불가능한 선택'이 되고, 침해는 침묵 속에 반복된다. 권리는 법전에 존재하지만, 그 권리를 지킬 수 있는 자격은 자본에 따라 차별적으로 부여되는 셈이다.

저작권 분쟁의 세계에서는 법적 진실보다 '시장 리스크의 관리'가 더 중요하게 작용한다. 승소가 불확실하거나 브랜드 이미지 실추가 우려될 경우, 거대 자본은 소송을 끝까지 끌고 가기보다 합의나 저작권 매입을 통해 사건을 신속히 종결짓는 전략을 택한다. 대표적으로 MBC <무한도전>

에서 음악프로듀서 프라이머리의 표절 논란(2013년 방송된 노래 <아이 갓 시(I Got C)>가 네덜란드 아티스트 카로 에메랄드(Caro Emerald)의 <리퀴드 런치(Liquid Lunch)>와 유사하다는 표절 의혹) 당시, 프라이머리는 원작자와 협상하여 저작권을 공동 분배하는 방식으로 문제를 해결했다. 이는 향후 수익 구조 속에서 '법'보다 '협상'을 선택한 대표적 사례다.

비슷한 방식은 해외에서도 반복된다. 대표적으로 콜드플레이의 <비바 라 비다(Viva La Vida)> 사건이 있다. 기타리스트 조 새트리아니는 자신의 곡 <이프 아이 쿠드 플라이(If I Could Fly)>와 유사하다며 표절 소송을 제기했지만, 콜드플레이는 법적 시비를 가리기보다 비공개 합의로 사건을 마무리하면서 경제적 해결 방식을 선택했다.

결국 저작권 분쟁의 승자는 정의를 외치는 자가 아니라, 법정에서 가장 오래 버틸 수 있는 자본을 가진 쪽으로 기운다. 패소 시 막대한 손실이 발생하는 기획사나 글로벌 아티스트는 소송보다 합의를 선택하고, 반대로 개인 창작자는 비용 부담 때문에 시작조차 하지 못하거나 조용히 포기한다. 윤리의 영역을 넘어 저작권이 권력의 구조이자 경제적 결정 시스템으로 작동하고 있다.

자본가를 위한 법과 사라지는 창작자의 목소리

이러한 불균형은 아이돌 산업과 웹툰 생태계에서 더욱 노골적으로 드러난다. K-팝의 화려한 성공 뒤에는 여전히 신인 작가나 아티스트의 기여를 기획사 내부 제작진의 명의로 돌리거나 권리 주장 자체를 원천 봉쇄하는 구조적 불평등이 도사리고 있다. 대형 기획사가 전문 로펌을 방패 삼아 체계적으로 대응할 때, 개인 연예인은 생계와 이미지 실추라는 리스크를 홀로 떠안으며 사적인 협상 테이블로 내몰린다.

웹툰 산업 역시 플랫폼이 절대적 '게이트키퍼'로 군림하며 창작자의 상위에 위치한다. 신진 작가들은 연재 기회를 얻기 위해 2차적 저작물 작성권까지 넘겨주는 불평등한 계약서에 서명할 수밖에 없다. 분쟁이 발생해도 플랫폼은 막강한 법무팀을 동원해 시간을 끌거나 여론이 잦아들기를 기다리는 '고의적 침묵 전략(Silence Strategy)'을 구사한다. 비용 대비 효과가 가장 높은 이 비정한 전략 앞에 창작자의 목소리는 힘없이 묻히고 만다.

우리는 이제 근본적인 질문을 던져야 한다. 저작권은 진정으로 창작자를 보호하고 있는가, 아니면 기득권의 자본을 강화하는 도구로 전락했는가? 현재의 분쟁 구조는 법적

절차보다 자원의 보유량이 승패를 가르는 '기울어진 게임'
이다. 이로 인해 창작자 보호라는 제도의 본령은 점차 뒤로
밀려나고 있다. 우리에게 필요한 것은 법률 지식이라기보
다는 창작 생태계의 평등한 설계를 위한 근본적인 체질 개
선이다.

창작자의 감각 - 기울어진 운동장

저작권은 단순한 법리 싸움이 아니라 경제력과 정보력이 부딪
히는 권력 게임이다. 현실의 낮은 손해배상액과 높은 소송 비용
은 개인 창작자의 법적 접근권을 가로막는다. 창작 생태계를 위
한 체질 개선이 없다면 저작권은 자본가를 위한 방패로 남을 뿐
이다.

디즈니, 넷플릭스,
빅테크가 만든

글로벌 IP 제국의 민낯

오늘날의 창작 산업은 단일 작품의 성공이라는 협소한 틀을 넘어선다. 이제 콘텐츠는 그 자체로 거대한 문화 플랫폼이자, 무한 확장이 가능한 금융 자산으로 기능한다. 디즈니와 마블, 그리고 넷플릭스·애플·아마존 같은 빅테크 기업들은 저작권을 무기 삼아 캐릭터와 세계관, 심지어 대중의 감정 코드까지 장악하는 새로운 '문화 권력 체제'를 구축했다. 이들에게 IP는 단순한 보호 대상이 아니라, 영화를 시작으로 게임, 테마파크, 브랜드 협업으로 쉼 없이 증식하는 핵심 자산이다. 이 견고한 구조 안에서 창작물은 소비되는 예술을 넘어, 끊임없이 부가가치를 창출하는 고도의 금융 상품으로 변모했다.

이러한 변화에도 불구하고 여전히 콘텐츠 산업의 근간은 '창작자'이다. 이들이 얼마나 안정적인 보상을 받느냐는 산업의 지속 가능성과 직결된다. 이와 관련한 핵심 개념이 바로 '러닝 개런티(Running Guarantee)' 혹은 '러닝 로열티(Running Royalty)'다. 이는 작품의 흥행 성과에 따라 수익을 지속적으로 배분받는 보상 모델로, 창작자의 기여를 '일시적 노동'이 아닌 '지속적인 생명력'으로 환산하는 철학에 기반한다.

이런 모델은 전통적인 할리우드 시스템에서 비교적 강하게 자리 잡아왔다. 종영한 지 20년이 넘은 시트콤 <프렌즈>의 주연 배우들이 여전히 연간 약 200억 원 이상의 수익을 배분받는 것은 창작물의 가치가 창작 이후에도 영구히 지속된다는 사실을 증명한다.

한국 드라마 산업에서 작가의 위상을 격상시킨 김수현 작가의 사례 또한 상징적이다. 그는 원고료의 새로운 기준을 세웠을 뿐만 아니라 사전 협의 없는 재방송에 대해 단호하게 권리를 행사하며 창작자가 '고용된 집필가'가 아닌 '저작권의 당당한 주체'임을 몸소 보여주었다(김수현 작가는 1987년 <사랑과 야망>을 집필할 당시 회당 355만 원을 받았고, 2010년 <인생은 아름다워>에서는 회당 약 5,000만 원을 받으며 드라마 작가 원고료의 새로운 기준을 만들었다. 현재 한국 드라마 산업에서 중견 작가의 회당 원고료는 3,000만~7,000만 원 수준이며, 극소수의 스타 작가는 회당 1억 원 이상을 받기도 한다). 이러한 노력 끝에 안착한 '재방송료 제도'는 오늘날 한국 창작 환경을 지탱하는 핵심 장치가 되었다. "재방송료만으로 통장에 억대가 들어왔다"라는 장항준 감독의 고백은, 이 제도가 단순히 개인의 수익을 넘어 창작자가 다음 작품에 매진할 수 있는 실질적인 토대가 되고 있음을 시사한다.

하지만 이러한 러닝 개런티 구조는 넷플릭스가 주도하는 글로벌 스트리밍 플랫폼에서는 거의 작동하지 않는다. 개별 작품의 성과와 상관없이 초기 계약 시 정해진 일시금만 지급하는 '바이아웃(Buyout)' 방식을 채택하기 때문이다. 이 구조는 플랫폼에는 예측 가능한 효율성을 주지만, 창작자에겐 전 세계적 대성공을 거두어도 추가 수익을 기대할 수 없는 '성취의 소외'를 안겨준다. 2023년 미국 작가 및 배우들의 대규모 파업은 바로 이 '넷플릭스식 계약 문제'의 불공정성을 향한 정면 도전이었다. 한국에서두 <중증외상센터: 골든 아워>처럼 글로벌 흥행 기록을 세우고도 원작자가 얻는 보상(약 4,000만 원)은 미미한 수준에 그치는 사례가 반복되고 있다. 높은 선급금을 주는 대신 향후 발생할 모든 권리를 일괄 매입하는 이 방식은, 창작자를 성공의 파트너가 아닌 '납품업자'로 전락시킬 위험을 내포하고 있다.

진짜 돈이 흐르는 곳, 캐릭터와 IP의 확장 생태계

오늘날 엔터테인먼트 산업에서 가장 막대한 수익을 창출하는 영역은 더 이상 스크린이나 서점이 아니다. 진짜 돈이 움직이는 곳은 바로 'IP 기반 캐릭터 산업'이다. 진짜 자본은 작품을 넘어 확장된 '캐릭터와 세계관' 속에서 움직인다. 디즈니의 매출 구조를 보면 영화 수익은 빙산의 일각에 불과하다. 매출의 70% 이상은 엘사와 올라프, 미키마우스라는 IP가 만들어내는 굿즈와 테마파크, 라이선싱 산업에서 쏟아진다.

웹툰 산업도 역시 만화를 넘어 드라마, 게임, 팬미팅으로 뻗어나가는 IP 확장의 출발점이 되었다. 이제 콘텐츠 산업은 '작품을 파는 시대'에서 '세계관을 운용하는 시대'로 진화했다. 하지만 이 화려한 진화 속에서 정작 창작자는 IP 제국의 부속 요소로 밀려나기 쉽다. 저작권을 독점한 기업이 더 큰 권한과 수익을 가져가는 동안, 원작자의 목소리는 점점 희미해진다. IP 산업이 비대해지고 플랫폼이 거대해져도 창작자 없는 콘텐츠는 존재할 수 없다. 우리는 이제 거대한 IP 제국의 질서 속에서 창작자의 가치가 휘발되지 않도록 공정한 분배와 새로운 시스템의 설계를 진지하게 고민해야 한다.

창작자의 감각 – 글로벌 IP 자산

창작물은 이제 단순한 작품을 넘어 금융 상품화된 글로벌 IP 자산으로 진화하고 있다. 창작자가 거대 시스템의 부속품으로 전락하지 않도록 IP 확장 생태계에 걸맞은 새로운 권리 배분 기준이 필요하다.

CHAPTER 8

안전지대

무해하게
창작하는 법

인터넷에서 찾은 이미지에 단순히 출처를 밝히는 것만으로 정말 법적 책임에서 자유로울 수 있을까? 우리는 타인의 음악, 사진, 문장, 디자인을 참고하고 영감을 얻어 창작에 임한다. 하지만 '좋아서 가져왔다'는 순수한 마음만으로 타인의 창작이 나에게 허락되는 것은 아니다. 창작물은 누군가의 치열한 노동과 감정이 빚어낸 권리의 집약체이며, 그 권리를 안전하게 이용하기 위한 관계의 문법이 바로 '라이선스(License)'다.

이 장에서는 허락이란 절차가 무엇인지, 복잡한 계약 조건 속 함정은 어디에 숨어 있는지, 그리고 규칙을 위반했을 때 어떤 실질적인 책임이 생기는지를 차근히 따라가며 '창작자들을 위한 무해한 창작법'을 찾아본다. 그리고 이용 권리의 범위를 명확히 구분하는 법부터, 라이선스가 허용하는 자유와 엄격히 금지하는 제약 사항들을 실전 감각으로 정리한다. 또한 신탁단체를 통해 복잡한 절차 없이 허락을 받는 방식, 저작권 만료와 퍼블릭 도메인을 확인할 때 빠지기 쉬운 치명적인 함정들을 면밀히 살핀다. 출처 표기, 인용, 변형, 그리고 2차적 저작물의 아슬아슬한 경계도 함께 짚어본다. 여기서 말하는 안전지대는 '법이 무서워 아무것도 쓰지 못하는 위축된 공간'이 아니다. 오히려 정확한 규칙을 숙지함으로써 더 넓게 쓰는 지도를 창작자에게 건네는 것이다.

무해한
창작을 위한

라이선스의 문법

•

타인의 창작물을 활용한다는 것은 단순히 '좋아서 가져오는 행위'를 넘어, 법적·윤리적 질서 안에서 이루어지는 전략적 선택이다. 창작물에는 누군가의 고단한 노동과 시간, 수많은 실패와 그 끝에 얻어낸 표현이 응축되어 있다. 따라서 이를 사용하기 위해서는 라이선스(License)라는 절차를 이해해야 한다. '사용 조건에 대한 계약'을 의미하는 라이선스는 단순한 허락을 넘어, 사용자가 누릴 수 있는 자유와 지켜야 할 제약을 구체화한 '권한의 지도'와도 같다.

라이선스는 법적 권리의 성격에 따라 크게 두 가지로 구분된다. 먼저 통상실시권(Non-exclusive license)은 저작권자가 동일한 저작물을 여러 사용자에게 동시에 허락하는 보편적인 방식이다. 작곡가가 하나의 음악을 여러 유튜버에게 배경음악으로 쓰게 하는 것처럼, 접근성이 높고 저작물의 활용도를 극대화할 수 있다는 장점이 있다.

반면 독점적 실시권(Exclusive license)은 특정 사용자에게만 단독으로 사용 권리를 부여하는 라이선스다. 이 권리가 부여되면 저작권자 본인조차 해당 용도로는 사용할 수 없으며, 제3자에게 중복 권리를 줄 수도 없다. 이는 브랜드 캠페인이나 독점 유통 등 독보적인 시장 우위가 필요할 때 주로 사용되며, 그 권력의 크기만큼 계약 금액도 높게 책정된다. 이 두 라이선스는 사용자와 저작권자 간의 신뢰와 계약 목적에 따라 선택되며, 어떤 권한이 누구에게 있는지 명확히 문서화하는 것이 중요하다.

라이선스는 비용과 기간에 따라서도 종류가 나뉜다. '구매형 라이선스'는 일정 비용을 지불하고 영구적 사용권을 얻는 방식이지만, 이는 저작권 자체를 소유하는 것이 아니라 사용 권한만 획득하는 것이며, 저작권은 여전히 원저작자에게 남아 있음을 잊지 말아야 한다. 어도비(Adobe)처럼 정기 결제를 통해 사용 권한을 유지하는 '구독형 라이선스'는 구독이 종료되는 즉시 사용 권한도 사라지므로, 프로젝트 완료 후에도 지속적인 관리가 필요하다. '수익 공유형 라이선스'라고도 불리는 '로열티형 라이선스'도 있다. 초기 비용 대신 수익을 일정 비율로 나누는 구조로 샘플팩 제작자, 작곡·작사가와의 계약에서 자주 사용된다. 가장 주의해야 할 것은 '조건부 허가형 라이선스'다. 크레딧 표기나 수정 금지 등 특정 조건을 하나라도 위반하면, 설령 허락을 받았더라도 그 순간부터는 저작권 침해로 간주할 수 있기 때문이다.

'비상업적 이용 허용형 라이선스'는 교육, 학술, 개인 포트폴리오 등 비영리 목적의 사용은 허용되지만, 판매나 광고, 수익 창출을 목적으로 하는 상업적 사용은 금지되는 라이선스다. 그러므로 유튜브 콘텐츠나 브랜드 마케팅 등에 사용할 경우 반드시 사전 확인이 필요하다.

라이선스는 어떻게 받을까?

저작물을 정당하게 사용하려면 '출처 표기'라는 사후 조치에 의존해서는 안 된다. 법적으로 완벽한 방패를 갖추기 위해 다음과 같은 단계적 절차를 거쳐야 한다.

가장 먼저 해야 할 일은 저작권자가 누구인지 '권리 주체'를 파악하는 것이다. 저작권자가 개인인지, 혹은 출판사나 매니지먼트사 같은 법인인지부터 명확히 해야 한다. 특히 영상이나 음악은 복수의 권리자가 복잡하게 얽혀 있는 경우가 있으므로 주의 깊게 확인해야 한다.

둘째로 이용 범위 등 사용 목적과 방식 등을 확정해야 한다. 단순 복제인지, 상업적 홍보인지, 아니면 원본을 변형하는 2차 창작인지에 따라 별도의 협의가 필요하다. 예를 들어 SNS에 게시하는 것인지, 광고나 상품에 포함하는 것인지 등이다. 이처럼 모든 사용 행위에는 구체적인 권리 구분이 존재하며, 이를 명확히 구분해 계약하거나 허락을 받아야 한다.

셋째로 서면 계약을 확보하는 것이다. 구두 허락은 효력이 약할 수 있다. 사소한 이미지 한 장이라도 이메일이나 계약서, 메시지 기록 등 조건과 범위가 명시된 '사용 허락서'나 '라이선스 계약서'를 확보하는 것이 안전하다.

마지막으로 사용 조건을 준수해야 한다. 경우에 따라 크레딧 표기, 이용 기간의 제한, 수정 금지, 상업적 이용 금지 등의 조건이 붙는 경우가 있다. 이러한 조건은 계약의 일부이며 법적 효력을 가지므로, 다소 번거롭고 복잡하게 느껴지더라도 명확한 라이선스를 기반으로 저작물을 사용해야 한다.

효율적인 대안: 저작권 신탁단체와 퍼블릭 도메인

개별적인 접촉이 번거롭다면 저작권 신탁단체를 활용하는 것이 현명한 대안이 된다. 한국에서는 많은 창작자가 저작권 신탁단체에 권리를 위임하여 관리하고 있다. 한국음악저작권협회(KOMCA)나 한국음악실연자연합회(FKMP), 한국문학예술저작권협회(KOLAA) 같은 단체들은 창작자의 권리를 위임받아 통합 관리한다. 사용자는 개별 창작자를 일일이 찾을 필요 없이 단체에 정해진 요금을 내고 표준화된 허락을 받을 수 있으며, 신탁단체는 이 사용료를 정산해 창작자에게 수익을 배분하고, 이는 창작자에게 있어 안정적이고 예측 가능한 수익 구조가 된다. 사용자에게도 편리하며, 합법적 사용을 손쉽게 실현할 수 있다는 점에서 매우 효과적인 시스템이다.

모든 저작권이 영원불멸한 것은 아니다. 보호 기간이 지나면 저작물은 누구나 자유롭게 사용할 수 있는 상태, 즉 퍼블릭 도메인(Public Domain)으로 전환된다. 한국과 미국 등 대다수 국가에서는 저작자 사후 70년(법인 등은 공표 후 70년)을 기점으로 권리가 소멸한다. 보호 기간이 만료된 저작물은 더 이상 저작권자의 허락 없이도 자유롭게 사용할 수 있으며, 상업적 이용, 복제, 번역, 각색 등 다양한 방식으로 활용이 가능하다.

다만 주의할 점도 있다. 모차르트의 악보 자체는 공공재 일지라도, 이를 2026년에 새로 녹음한 음원에는 연주자와 제작자의 '저작인접권'이 별도로 살아 있다. 즉, 원작이 자유롭다고 해서 그 원작을 담아낸 최신 촬영본이나 녹음본까지 마음대로 쓸 수 있는 것은 아니라는 점을 반드시 유의해야 한다.

창작자의 감각 – 라이선스

라이선스는 창작자와 이용자 사이 신뢰를 담보하는 법적 계약이자 최소한의 예의이므로 퍼블릭 도메인이라 할지라도 매체물의 별도 권리를 확인하는 꼼꼼함이 필요하다.

$$\left(\begin{array}{c}\text{카피라이트}\\[2pt]\text{감수성}\\[8pt]\text{키우기}\end{array}\right)$$

•

창작물은 단순한 정보의 집합이 아니라 누군가가 시간을 들여 고민하고 쌓아온 표현의 결과물이다. 따라서 타인의 창작물을 사용할 때 가장 기본이 되는 태도는 '출처'를 밝히는 것이다. 하지만 많은 이들이 '출처만 적으면 자유롭게 사용할 수 있다'고 오해하곤 한다. 분명히 짚어두건데, 출처 표기는 저작권자의 허락을 대신할 수 없다.

저작권법은 사회의 문화적 발전을 위해 일정한 범위 안에서 타인의 창작물 인용을 허용한다. 다만 법이 인정하는 '정당한 이용'이 되기 위해서는 엄격한 문법을 따라야 한다. 먼저 목적의 정당성이 있어야 한다. 인용은 비평, 논평,

분석, 교육, 보도, 학술적 연구 등 사회적으로 가치 있는 목적을 위해 이루어져야 한다. 또한 주·종 관계가 명확해야 한다. 인용된 부분은 내 창작물의 보조적 요소로 기능해야 한다. 타인의 창작물을 빌려올지언정 내 창작물이 주인이 되어야 한다는 뜻이다. 인용의 양 또한 적절해야 한다. 필요한 만큼만 최소한으로 인용해야 하며, 인용 부분은 큰따옴표, 각주, 참고 표시 등으로 구분되어 독자들이 명확하게 알 수 있어야 한다.

영화 리뷰를 핑계로 작품의 핵심 스틸컷을 무분별하게 나열하거나, '출처: 구글' 혹은 '출처: 인터넷' 같은 무책임한 표기를 남기는 것은 인용의 범위를 벗어난 명백한 침해다. 정당한 인용이란 원저작물의 제목과 작가, 배급사 등 구체적인 정보를 명시하며, 원본의 가치를 훼손하지 않는 범위 내에서 이루어지는 지적인 대화여야 한다.

변형과 2차적 저작물: 창작인가, 표절인가?

원작을 바탕으로 번역, 편곡, 리메이크 등을 거쳐 새로운 형식의 작품을 만드는 것을 '2차적 저작물'이라 부른다. 여기서 중요한 쟁점은 '표현의 본질'을 얼마나 주체적으로 재구성했는가이다. 원작의 핵심을 그대로 둔 채 껍데기만 바꿨다면 그것은 창작이 아니라 표절의 다른 이름일 뿐이다. 미술에서도 유명 회화의 파편을 가져온 콜라주가 비판적 의도를 담았다면 공정 이용의 여지가 있지만, 단순히 디자인 소스로 소비했다면 침해의 책임을 면하기 어렵다. 특히 광고나 상업적 콘텐츠에서 배경으로 예술 작품을 노출하는 행위는 매우 위험하다.

정당한 인용이 되지 않는 사례로 자주 언급되는 것이 '광고 속 호텔 말 그림 사건'이다. 2007년 한 아파트 광고가 호텔 라운지에 전시된 한 작가의 설치 작품 <질주하는 말>을 배경으로 촬영되었으며, 광고팀은 호텔의 촬영 허가만 받았을 뿐 작가의 동의는 구하지 않았다. 법원은 이를 명백한 저작권 침해로 판결했다. 호텔 라운지는 '일반 공중에게 개방된 장소'가 아니며, 작가의 작품이 광고의 분위기를 형성하는 주요 요소로 사용되었다고 본 것이다. 예술 작품이 배경으로 등장하는 순간, 그것은 단순한 인용을 넘어 상업적 이용의 영역으로 편입된다는 점을 시사한다.

리메이크: 조금만 바꾸면 괜찮다는 위험한 착각

음악이나 웹툰, 드라마 등에서 자주 발생하는 오해 중 하나는 '원곡을 조금만 바꾸면 괜찮다'는 인식이다. 그러나 이는 저작권법상 2차적 저작물 작성권을 정면으로 위반하는 행위다. 기존 작품을 바탕으로 새로운 형식으로 변형하거나 재구성하는 리메이크(Remake)라는 작업은 법적으로 2차적 저작물 작성권에 해당한다. 단순한 편곡이나 장르 변경은 물론, 가사 몇 줄을 고치는 '리릭 변형'조차 저작인격권을 침해할 수 있음을 명심해야 한다. 원곡의 멜로디를 유지한 채 재즈, 락, 발라드 등 장르만 바꾼 리메이크 역시 저작권자의 허락이 반드시 필요하다.

그렇다면 유튜브에 넘쳐나는 'K-팝 재즈 버전'이나 '아이돌 발라드 리메이크' 영상은 어떻게 되는 걸까? 이들 중 상당수가 정식 허가 없이 제작되며, 이런 경우 저작권자의 요청에 따라 언제든 삭제되거나 수익을 회수당할 수 있다. 기존 음원 일부를 샘플링할 때조차 반드시 사전 라이선스를 취득해야 하는 이유는, 그것이 타인의 독창성에 대한 최소한의 예의이자 법적 의무이기 때문이다.

법은 사회 질서를 유지하기 위한 '최소한의 가이드라인'일 뿐이다. 진정한 창의성의 발현은 법을 넘어선 윤리적 감각에서 시작된다. 누구나 쉽게 복제하고 편집할 수 있는 디지털 시대일수록 창작자 스스로가 지켜야 할 내면의 기준이 더욱 중요해진다. 타인의 영감에 '허락을 구하는' 행위는 단순히 처벌을 피하기 위한 절차가 아니다. 그것은 나의 창작물 역시 훗날 동일한 존중을 받을 수 있도록 건강한 생태계를 일구는 거름과 같다. 기술보다 중요한 것은 타인의 고통과 노력을 알아보는 윤리적 감수성이다. 이것이야말로 오늘날 창작자가 갖추어야 할 가장 현대적이고 필수적인 '카피라이트의 감각'이다.

창작자의 감각 – 출처 표기

출처 표시는 저작권자를 향한 최소한의 예의다. 나의 창작이 주가 되고 타인의 작품이 종이 될 때만 정당한 인용이 성립하며, 2차적 저작물과 리메이크 역시 원작자의 허락에서 시작된다.

공정 이용,

창작의 자유와
책임 사이에서

·

오늘날 유례없는 정보와 콘텐츠의 홍수 속에서 음악과 영상은 단 몇 초 만에 공유되고 변형된다. 이런 환경 속에서 창작자는 묻게 된다. '이미 존재하는 창작물을 어디까지, 어떻게 활용할 수 있을까?' 공정 이용(Fair Use)은 바로 이 질문에 대한 법적 응답이자 창작의 자유와 권리 보호 사이의 균형을 유지하려는 노력의 산물이다.

공정 이용은 미국 저작권법에서 판례를 통해 정교하게 다듬어져온 원칙이다. 가장 대표적인 사례는 1994년 힙합 그룹 '2 라이브 크루(2 Live Crew)'의 패러디 소송이다. 이들은 로이 오비슨(Roy Orbison)의 <오 프리티 우먼(Oh, Pretty

Woman)>을 패러디한 음원을 발표했으나 원저작권자인 애커프-로즈 측은 저작권 침해로 소송을 제기했다. 하지만 미 연방 대법원은 패러디가 원곡의 일부 차용을 필수적으로 수반하며, 단순 모방이 아닌 새로운 의미를 부여한 '변형적 이용(Transformative Use)'에 해당한다고 보아 공정 이용의 손을 들어주었다. 이 판결은 이후 패러디와 풍자가 단순한 도용이 아닌 독자적인 예술 장르로 인정받는 결정적인 토대가 되었다.

공정 이용의 적용 범위는 이제 예술을 넘어 기술의 영역으로 확장되고 있다. 2021년 '구글 대 오라클' 사건에서 미 대법원은 구글이 안드로이드 운영체제 개발을 위해 오라클이 보유한 자바(Java) API 코드를 일부 재사용한 것을 '기술적 상호 운용성과 혁신을 위한 필수적 활용'으로 인정했다. 이는 공정 이용이 문화예술을 넘어 소프트웨어 산업의 진보를 이끄는 법적 보호 장치로 기능하고 있음을 증명한다. 결국 공정 이용의 핵심은 '얼마나 썼느냐'가 아니라, '어떤 의도로 얼마나 새롭게 썼느냐'에 달려 있다.

한국 저작권법 역시 공정 이용의 기준을 명확히 규정하고 있다. 개인의 단순 소비가 아닌 비평, 보도, 교육, 연구 등 사회적 가치를 지닌 목적을 위해서는 일정한 범위 내에서 저작물을 자유롭게 사용할 수 있다. 다만, 판례 중심인 미국과 달리 한국은 저작권법 제35조의5라는 아래의 명문화된 조항을 기준으로 판단한다.

1. 이용의 목적 및 성격: 해당 사용이 비영리적이고 공익적인 목적 (예: 보도, 교육, 연구, 비평 등)을 위한 것이라면 공정 이용으로 인정될 가능성이 높아진다.

2. 저작물의 종류 및 용도: 사실 중심의 정보나 공표된 저작물은 창작성이 강한 예술작품에 비해 비교적 자유로운 이용이 가능하다.

3. 이용된 부분의 비중 및 중요성: 전체 저작물에서 차지하는 비율이 적고, 핵심적인 부분을 사용하지 않았다면 공정 이용으로 인정될 수 있다.

4. 저작물의 시장 가치나 수익에 미치는 영향: 해당 사용이 원작의 시장을 잠식하거나, 원저작자의 수익에 부정적인 영향을 미친다면 공정 이용으로 인정받기 어렵다.

하지만 '공익 목적'이라는 명분만으로 모든 것이 용서되지는 않는다. 최근 대법원 판례는 이에 대한 엄중한 기준을 제시했다.[15] 한국교육과정평가원이 수능 문제지를 홈페이지에 게시하며 저작권자의 허락 없이 외부 저작물을 노출한 행위에 대해 법원은 공정 이용을 인정하지 않았다. 공공기관의 교육 목적일지라도 저작물의 통상적인 이용 방법과 충돌하고 저작자의 경제적 이익을 부당하게 침해한다면 공정 이용의 한계를 넘어선 것이라고 본 것이다. 즉, '좋은 의도'나 '교육 목적'이라는 이유로 공정 이용이 자동 적용되는 개념이 아니라는 점을 짚은 것이다.

공정 이용은 저작물을 무단으로 쓸 수 있는 '자유 이용권'이 아니다. 그것은 창작 생태계 내에서 표현의 자유와 권리 보호가 충돌할 때 작동하는 조율 장치다. 물론 판단 기준이 주관적일 수 있고 법원의 판결 전까지는 불확실성이 크다는 단점도 존재한다. 하지만 이러한 불투명성 속에서도 우리가 지켜야 할 나침반은 명확하다.

창작은 자유롭되, 그 자유는 타인의 고통과 노력을 존중하는 토대 위에서만 지속될 수 있다. 공정 이용은 그 지속 가능성을 보장하기 위한 윤리적 장치이며, '열린 창작 시대'를 살아가는 모든 창작자가 갖추어야 할 필수적인 감각이다.

창작자의 감각 | 공정 이용

공정 이용은 창작의 자유와 저작권 보호 사이의 균형점을 찾는 작업이며, 단순 복제가 아닌 '변형적 이용'은 공정 이용 여부를 결정짓는 가장 강력한 기준이 된다. 목적의 공익성만큼이나 원작자의 경제적 이익을 해치지 않는 태도가 중요하다.

CHAPTER 9

균형

공유할수록 강력해지고
보호할수록 자유로워진다

'내 작품을 공유하는 것이 결국 내 몫을 깎아먹는 행위일까?' 최근 복제와 확산이 압도적으로 쉬워지면서 '공유는 곧 파멸'이라는 두려움을 낳고 있다. 실제로 무분별한 무단 공유는 창작자의 창작 의지를 꺾고 '공유지의 비극'처럼 창작 생태계를 고갈시키기도 한다. 하지만 동시에 우리는 전혀 다른 장면도 목격한다. 리눅스와 파이썬 같은 오픈소스는 '함께 쓰되, 누구의 권리도 지워지지 않는' 협업 모델을 증명해냈다. 핵심은 공유 자체가 아니라, 공유를 어떤 규칙과 책임으로 묶느냐에 있다. 소유와 공유가 대립만 하는 것이 아니라, 정교한 설계 속에서 아름답게 공존할 수 있음을 우리는 이 장을 통해 확인하게 될 것이다.

이번 장에서는 '무료'와 '무단'이 어떤 지점에서 갈라지는지, 그리고 플랫폼의 광고·구독·수익 배분 구조가 어떻게 이용자의 접근성과 창작자의 보상을 동시에 확보하는지 면밀히 살펴본다. 공유는 공짜가 아니라 연결된 책임의 언어다. 창작자가 스스로 '얼마나 닫고, 어디까지 열 것인가'를 주체적으로 선택할 수 있을 때, 우리는 비로소 공유할수록 더 강력해지고 보호할수록 더 자유로워지는 창작의 세계를 만날 수 있다.

공유의 비극에서

열린 창작으로
나아가기

·

디지털 시대에는 '공유하면 모두가 손해 본다'는 오래된 믿음, 즉 공유지의 비극(Tragedy of the Commons)이 반드시 현실이 아닐 수 있다. 1968년 생태학자 개릿 하딘(Garrett Hardin)이 제시한 이 개념은 모두에게 열린 자원을 개인이 자신의 이익만을 위해 과두하게 사용할 때 결국 자원이 고갈되고 공동체 전체가 피해를 입는 현상을 말한다.

마을의 공동 목초지에 너도나도 소를 풀어 결국 땅이 황폐해지는 것처럼, 무분별한 무단 공유와 불법 다운로드는 창작자의 경제적 토양을 메마르게 한다. 소비자는 당장의 이익을 얻는 듯 보이지만, 창작자가 창작 의지를 잃는 순간 창작의 씨가 마르고 결국 생태계 전체가 손해를 보게 된다. 결국 공유의 문제는 단순한 '나눠 쓰기'가 아니라 '지속 가능성'의 문제다. 보호와 공유 사이의 정교한 설계 없이는 문화도, 기술도, 공동체도 결코 유지될 수 없다.

크리에이티브 커먼즈(CC)는 폐쇄적인 저작권 체계를 유연한 소통의 문법으로 바꾼 혁신적인 라이선스 시스템이다. '모든 권리 보유(All Rights Reserved)'라는 말뚝 대신에 '일부 권리 보유(Some Rights Reserved)'라는 부드러운 경계선을 택한 것이다. 이는 저작권자가 직접 이용 범위를 설정하고, 이용자는 그 조건만 지키면 별도의 허락 없이도 자유롭게 창작의 재료로 쓸 수 있는 창의적 상생 모델이다.

CC 라이선스의 핵심은 '저작자 표시(BY)'라는 필수 항목에 있다. 이는 콘텐츠가 세상 끝까지 퍼져나가더라도 그 뿌리인 창작자의 이름은 지워지지 않도록 지켜주는 최소한의 존중이다. 라이선스는 크게 네 가지 조건의 조합으로 이루어진다.

1. BY(Attribution): 저작자를 반드시 명시해야 한다.

2. NC(Non-Commercial): 비영리적인 용도로만 사용이 허용된다.

3. ND(No Derivatives): 저작물을 수정하거나 2차 저작물로 활용하는 것을 금지한다.

4. SA(Share-Alike): 2차 저작물을 만들 경우, 동일한 라이선스 조
   건으로 배포해야 한다.

이 조건들을 조합하면 총 여섯 가지 주요 CC 라이선스가
형성된다.

1. CC BY: 저작자만 표시하면 자유롭게 복제, 수정, 배포, 상업적
   이용 가능.
2. CC BY-NC: 저작자 표시와 비영리 목적하에 자유롭게 이용 가
   능.
3. CC BY-ND: 저작자 표시 후 원본 그대로만 이용 가능, 수정은
   금지.
4. CC BY-SA: 저작자 표시 후 동일한 조건으로 수정, 배포 가능.
5. CC BY-NC-SA: 저작자 표시 후 비영리 목적에 한해, 동일 조건
   으로 2차 저작물 제작 가능.
6. CC BY-NC-ND: 저작자 표시 후 비영리 목적에 한해 원본 그대
   로 사용만 허용.

이처럼 CC는 저작권자에게 얼마나 열고 닫을지를 결정
하는 주체적 선택지를 제공한다. 일일이 허락을 구하고 응
답해야 하는 번거로움이 사라지는 동시에, 공유와 창작의

선순환 구조가 만들어진 것이다.

공유는 새로운 창작의 언어다

또한 리눅스, 파이썬, 깃허브(GitHub), 오픈소스 디자인 라이브러리로 대표되는 오픈소스 생태계는 '함께 개선하는 것이 곧 더 나은 가치를 만든다'는 창작 방식을 전 세계에 입증했다. 1991년 리누스 토르발스(Linus Torvalds)가 자신의 코드를 세상에 공개했을 때, '함께 발전하는 기술 생태계'가 시작되었다. 단순한 무료 배포가 아니었다. 누구든 수정하고 배포할 수 있는 '열린 구조'를 통해 전 세계 개발자들의 집단지성을 수혈받는 전략적 선택이었다.

오늘날 리눅스가 안드로이드 스마트폰부터 슈퍼컴퓨터까지 지배할 수 있게 된 원동력은 바로 이 개방성과 협업성에 있다. 오픈소스는 '공짜 소프트웨어'를 뜻하지 않는다. 오히려 그 본질은 '투명성'과 '기여에 대한 공정한 인정'에 있다. 기여한 개발자들은 금전적 보상을 넘어 기술적 신뢰와 명예라는 '무형의 자산'을 축적하며 자신의 커리어를 견고히 다진다. 결국 오픈소스는 '모두가 쓰되, 아무도 소외되지 않는' 창작의 새로운 표준이다.

보호와 공유는 대립하는 쌍둥이가 아니라, 균형을 이루어야 할 양 날개와 같다. 어떤 작품은 강력한 보호 속에 가치를 보존해야 하고, 어떤 작품은 공유를 통해 더 거대한 생명력을 얻는다. 이 선택의 키를 창작자가 쥐는 것, 그것이 바로 '열린 창작' 시대의 본질이다.

디지털 시대의 저작권은 이제 '소유'와 '개방'의 이분법을 넘어섰다. 이제 우리는 질문해야 한다. '어떤 방식의 공유가 창작을 더 지속 가능하게 만드는가?' 저작권은 여전히 창작자의 권리를 지키는 방패지만, 동시에 창작자는 조건부 공유, 완전 개방, 협업형 창작 등 다양한 선택지를 전략적으로 구사할 수 있어야 한다.

창작은 더 이상 고립된 섬이 아니다. 공유라는 새로운 언어를 통해 타인의 세계와 연결되고 함께 확장되는 과정이다. 서로의 영토를 존중하며 길을 열어줄 때 창작의 영토는 비로소 무한해진다.

창작자의 감각 - 오픈소스

오늘날은 소유와 개방의 대립을 넘어, '연결된 책임'이 창작의 동력이 되는 시대다. 그러므로 공유는 단순한 무료 제공이 아니라 가치를 증폭시키는 전략적인 창작 방식이다.

•

디지털 시대의 지식 공유는 거대한 디지털 지식 저장소를
통해 체계적으로 구현되고 있다. 먼저 '프로젝트 구텐베르
크(Project Gutenberg)'는 디지털 도서관 개념의 시초격인 전자
책(eBook) 프로젝트로서, 저작권이 만료된 고전 문학작품을
중심으로 퍼블릭 도메인 내 자료들을 디지털로 변환해 무
료로 제공하는, 오픈 액세스 정신을 가장 오랜 방식으로 실
천하는 예시다.

또한 전설적인 '알렉산드리아 도서관'의 디지털 판이
라 불리는 '인터넷 아카이브(Internet Archive)'는 브루스터 케
일(Brewster Kahle)의 '지식은 인류의 공동 자산이어야 한다'

는 철학 아래 8,000억 개가 넘는 웹페이지와 수백만 권의 도서를 보존하고 있다. 특히 이곳의 '관리형 디지털 대출(Controlled Digital Lending, CDL)'이라는 방식은 매우 혁신적이다. 저작권이 살아 있는 책이라도 도서관이 보유한 실물 장서 수만큼만 디지털 대출을 허용함으로써, 저작권자의 권리를 침해하지 않으면서도 정보 접근을 실현한다. 이는 도서의 일부만 검색하게 해주는 구글 도서(Google Books)와 차별화되는 지점이다.

'하티트러스트(HathiTrust)'는 40개 이상의 주요 연구 도서관들이 협력하여 운영하는 공유형 디지털 저장소다. 구글 북스 프로젝트를 통해 스캔된 자료들을 포함하여 각 도서관의 소장 자료를 디지털화하고 장기 보존하는 데 목적을 두고 있다. 구글은 기술적 파트너로 참여하며, 디지털 사본은 해당 도서관들이 공동 소유 및 활용할 수 있도록 구성되어 있다. 이러한 구조는 디지털 정보의 영속적 보존과 체계적 관리의 모범 사례로 평가받고 있다.

학술 세계의 높은 장벽을 허무는 '오픈 액세스(Open Access) 운동' 또한 같은 맥락이다. 공공 자금이 투입된 연구 결과가 유료 저널의 벽에 가로막히지 않도록, 논문 게재와 동시에 무료 공개되는 '골드 OA'나 저자가 직접 아카이빙 하는 '그린 OA' 등 다양한 경로를 통해 지식의 공공성을 회복하고 있다. 이는 저작권이 정보를 가두는 빗장이 아니라 크리에이티브 커먼즈(CC)와 결합해 지식의 수명을 연장하는 엔진이 될 수 있음을 보여준다.

전통적인 도서관과 출판 산업도 변화하고 있다. 전자 도서관은 접근성을 확대하되, 저작권 보호를 위해 열람 인원 제한, DRM 기술, 기간제 대여 등을 운영하며 출판사와 저작권자의 수익 모델을 보호한다. 지식 공유의 미래는 단순한 '공짜 사용'이 아니라 창작자에게 정당한 보상을 제공하면서 이용자에게 자유로운 접근을 보장하는 '지속 가능한 공유 모델'로 나아가는 중이다.

플랫폼의 지혜: 무료 이용과 수익 순환 시스템

오늘날 글로벌 플랫폼들은 무료 접근성과 저작권 보호를 상호 모순이 아닌 '공존의 문법'으로 풀어내고 있다. 특히 유튜브, 스포티파이, 쿠팡플레이와 같은 대표적인 플랫폼은 무료 접근성과 저작권 보호를 조화시키는 다양한 방식으로 개방형 콘텐츠 생태계를 운영하고 있다.

먼저 유튜브는 이용자에게 무료 시청을 제공하되, 고도화된 광고 시스템을 통해 영상 제작자(크리에이터)와 수익을 나눈다. 특히 '콘텐츠 ID' 시스템은 업로드된 영상에 포함된 음원, 영상 클립, 방송 콘텐츠 등을 자동으로 분석하여 무단 사용을 탐지하고 차단하는 동시에, 저작권자가 '수익 공유'를 선택할 수 있게 함으로써 침해를 합법적인 수익원으로 전환하는 유연함을 발휘한다. 다만 때때로 오탐지나 정당한 공정 이용까지 삭제하는 경우가 있어 개선의 여지도 있지만, 기술이 저작권을 실시간으로 협상하고 관리하는 사법 대행자 역할을 수행하고 있음은 부인할 수 없다.

음악 스트리밍 플랫폼 중 가장 세계적인 확장을 이룬 스포티파이는 음악을 '소유'에서 '접근'으로 완벽히 재편했다. 광고를 보는 무료 이용자와 구독료를 내는 유료 이용자 모두에게 방대한 라이브러리를 개방하되, 스트리밍 횟수에 따른 투명한 정산으로 창작자의 보상을 보장한다. 또한 클래식 음악과 같은 저작권이 만료된 콘텐츠의 경우 자유롭게 들을 수 있지만, 이를 활용한 악보 재배포나 공연·영상 삽입 등에는 여전히 별도의 저작권·저작인접권이 적용되는 경우가 많다. 다시 말해 '음원 감상'은 개방되어 있으나 2차적 이용은 여전히 보호 체계 안에서 관리된다는 점에서, 개방성과 보호의 균형이 유지되고 있다.

쿠팡플레이는 또 다른 콘텐츠 전략을 보이고 있다. 유통 기반의 전자상거래 기업 쿠팡이 제공하는 이 영상 스트리밍 서비스는 콘텐츠 자체를 유료로 팔기보다 거대한 전자 상거래 생태계를 유지하는 부가 서비스로 활용한다. 이용 자에게는 '무료 혜택'의 즐거움을 주고, 플랫폼은 고객의 충성도와 생태계 체류 시간을 늘려 전체 생태계의 이익을 극대화한다. 다만 일부 독점 콘텐츠나 스포츠 라이브 중계권 확보 등에서는 별도의 계약과 저작권 관리가 적용되며, 쿠팡 역시 제작사·방송사와의 협력을 통해 콘텐츠 유통권을 관리하고 있다.

이 플랫폼들의 공통점은 '개방형 모델'을 지향하면서도 그 이면에 정교한 보상 체계를 숨겨두었다는 것이다. 디지털 시대의 저작권은 이제 '공개냐, 보호냐'라는 낡은 이분법에서 완전히 벗어나야 한다. 미래의 저작권은 공유와 보호가 한 몸처럼 움직이며 수익과 가치를 순환시키는 '설계된 네트워크'로 진화하고 있다.

창작물은 사회와 연결될 때 폭발적으로 확산되고, 그 권리가 존중될 때 비로소 창작은 멈추지 않고 지속될 수 있다. 저작권은 창작자와 이용자 모두가 공존할 수 있도록 개방의 유연성과 보호의 견고함을 동시에 갖춘 방향으로 나아가야 한다.

창작자의 감각 – 공존

공유는 공공의 접근성과 저작권자의 정당한 몫이 조화를 이룰 때 비로소 완성된다. 결국 미래의 저작권은 창작과 소비를 유연하게 연결하는 생태계의 허브가 되어야 한다.

공유할수록 강력해지고 보호할수록 자유로워진다

정교하게 설계된
'협력'이다

•

이처럼 공유 기반의 창작과 콘텐츠 모델은 디지털 시대의 혁신이었으나, 모든 공유가 승리로 끝난 것은 아니다. 어떤 모델은 참여자가 참여자를 부르는 자생적 생태계로 진화했지만, 어떤 모델은 '책임의 부재' 속에서 자원 소모와 악용의 늪에 빠져 붕괴했다. 결국 성공과 실패를 가른 결정적 기준은 공유 그 자체가 아니라, 공유를 지탱하는 '조건의 설계'였다.

공유 경제는 자원의 효율적 활용과 편의성 제공이라는 장점으로 큰 주목을 받았지만, 실제 운영에서는 뼈아픈 한계를 드러내기도 했다. 운영 구조가 불안정한 상태에서 외부 투자가 줄어들자 파산에 이른 명품 공유 플랫폼 사례는, 지속 가능한 비즈니스 모델이 없는 공유는 결국 소비자에게 고스란히 피해를 돌려준다는 사실을 증명했다.

또한 카카오 카풀 서비스나 에어비앤비처럼 기존 산업과 정면 충돌한 사례들은 공유 경제가 기존 산업을 완전히 대체하기보다는 상생을 고려한 조정이 필요함을 보여준 사례다. 에어비앤비 숙소에서 몰래카메라가 발견되거나, 우버 드라이버가 범죄에 연루되는 사건 등 서비스 품질 및 안전 문제도 심각한 실패 원인이었다. 사용자가 '공유'라는 라벨을 안심하고 이용할 수 있으려면 기본적인 안전장치와 정보 신뢰성이 확보되어야 한다.

전동 킥보드와 P2P: 방치가 낳은 무질서

전동 킥보드 서비스 역시 실패 사례로 거론된다. 도심 내 단거리 이동 수단으로 환영받던 이 서비스는 무단 방치와 안전사고, 배터리 화재 등 관리 미비의 문제가 누적되면서 '도심의 흉물'로 전락했다. 더 큰 문제는 규제의 불일치다. 안전사고가 잦아지면서 도로교통법 개정 등 강력한 규제가 뒤늦게 적용되자 글로벌 공유 킥보드 1위 업체인 라임(Lime)

이 한국 내 예측 불가능한 규제 환경을 이유로 사업을 중단한 사례는, 기술 기반의 혁신이라 할지라도 사회적 안전망과 관리 책임이 결여될 때 얼마나 쉽게 무너질 수 있는지를 보여준다.

저작권 영역에서의 실패는 더욱 처참했다. 1999년 냅스터와 소리바다로 시작된 P2P 음원 공유는 '공짜이므로 아무도 책임지지 않는다'는 인식을 확산시키며 음악 생태계를 초토화했다. 사용자는 무료의 즐거움을 누렸으나, 창작자는 경제적 기반을 잃었고 음반 산업은 붕괴 직전까지 몰렸다. 결국 창작자에 대한 보상 구조가 설계되지 않은 공유는 창작을 확장하기보다는 오히려 산업 붕괴의 촉매제가 되고 말았다.

오늘날 학술·출판 시장을 위협하는 무단 PDF 공유 문화 또한 출판사의 콘텐츠 제작 의욕을 떨어뜨리고, 이로써 양질의 교재 공급이 줄어들면서 결국 피해는 모든 학습자에게 되돌아오게 된다. 단기적으로는 비용 절감처럼 보이지만, 장기적으로는 학습 환경 자체를 황폐화하는 자해 행위나 다름없다. 불법 자료를 이용하면서도 '돈을 주고받지 않으면 괜찮다'라거나, '책 도둑은 도둑이 아니다'라는 잘못된 인식의 결말이 어떨지 불 보듯 뻔하다.

공유는 '무료'가 아니라 '연결된 책임'

공공이 접근할 수 있도록 개방하더라도, 그것이 항상 창의성과 생산성의 성과로 이어지는 것은 아니다. 현실에서는 단순히 데이터를 '열어두는 것'만으로는 그 가치를 실현하지 못하고, 오히려 비효율과 낭비로 이어지는 경우도 많다. 많은 지자체가 대규모 예산을 들여 소규모 도서관의 도서와 아카이브 자료를 디지털화하고 이를 지역민에게 무료로 제공하고 있으나, 실제 이용률은 매우 낮은 수준에 머무른다. 정부나 공공기관이 주도한 오픈 데이터 프로젝트 또한 활용 교육이나 메타데이터 설명이 부족해 정작 이용자에게 외면받고 있다.

이러한 현실은 단순한 '오픈(개방)'이 곧 '공유'나 '확산'으로 이어지는 것이 아님을 보여준다. 공공 자원을 개방할 때는 반드시 사용자의 이해를 돕는 교육, 구체적인 사용 목적에 맞는 설계, 그리고 실제 활용을 유도할 수 있는 인센티브 체계가 함께 마련되어야 한다. 그렇지 않으면, 공유는 의미 없는 저장 공간에 불과하며, 오히려 공공 자원의 낭비가 될 수 있다. 개방은 시작일 뿐, 그 가치를 실현하는 설계와 실행이 진정한 공유의 핵심이다.

공유는 단순히 '공짜로 나누는 행위'가 아니다. 진정한 공유가 성공하려면 반드시 그 안에 '책임과 조건'이 촘촘하게 설계되어야 한다. 책임 없는 공유는 창작과 산업을 파괴하는 독이 되지만, 정교하게 설계된 공유는 모두가 이익을 나누는 생태계의 거름이 된다. 공유는 나눔이 아니라 설계된 협력의 기술이며, 이 기술을 이해하는 개인과 조직만이 앞으로의 창작 환경과 산업에서 살아남을 수 있다. 공유의 미래는 개방과 책임의 균형 설계에 달려 있다.

창작자의 감각 – 공유의 실패

공유는 모두의 책임이 전제될 때만 지속 가능한 시스템으로 작동한다. 보상 구조가 없는 단순 개방은 산업을 붕괴시키고 창작 의지를 꺾는 자충수가 된다. 다층적 안전장치와 이용자 신뢰, 제도가 맞물린 균형 설계가 공유의 성공을 가져온다.

PART 3

AI 시대,
창작의
미래를
설계하다

CHAPTER 10

필연

우리는 왜 여전히
쓰고 만드는가

AI가 몇 초 만에 글을 쓰고 그림과 음악을 쏟아내는 시대에 우리는 왜 여전히 창작을 이어가는가?

효율의 잣대로만 따진다면 인간의 창작은 지나치게 느리고, 지독하게 불완전하며, 냉혹한 시장 논리에서도 불리해 보인다. 그런데도 우리는 낙서를 멈추지 않고, 시간을 들여 문장을 고치고, 새로운 장면을 구상한다. 그리고 끝내 '내가 만든 것'을 세상에 내놓는다.

그 이유는 명확하다. 창작은 직업 이전에 인간의 본능이자 존재 양식이기 때문이다. 아무런 대가 없이 시작되는 유희, 문제를 풀어내며 자아를 잊는 몰입, 마침내 완성했을 때 찾아오는 형언할 수 없는 성취감은 인간을 다시 창작이라는 고귀한 출발선으로 돌려보낸다. 동시에 창작은 세상을 관찰하고, 타인과 소통하며, 기억을 기록하는 인간만의 방식이다. 이 장에서는 글쓰기의 기록성과 사회적 의미, 그리고 크레디트와 서명처럼 '이름을 남기는 권리'를 탐구한다.

AI가 결과물을 대량 생산하는 시대일수록, 창작자는 무엇이 '나의 언어'인지 더 선명히 정의해야 한다. 이 장의 목표는 이 시대 외로운 길을 걸어가고 있는 창작자들을 향한 위로가 아니다. 창작자가 시대의 흐름 앞에 흔들릴 때 다시 붙잡을 수 있는 이유와 나아갈 방향에 대한 확신을 제공하는 것이다.

•

창작은 인간이 가진 가장 오래된 능력인 동시에 가장 현대적인 활동이다. 인류는 생존을 위해 도구를 만들면서 역사를 시작했다. 그러나 어느 순간부터는 생존과 직접적인 관련이 없는 것들에 몰두하기 시작했다. 음악과 춤, 시각예술과 이야기, 장식과 상징 등이다. 이 활동은 당장 생존에는 필요하지 않았지만, 인간이 단순히 살아 있는 존재를 넘어 '자신의 존재를 자각하는 존재'임을 드러내는 행위였다.

창작은 직업이 되기 훨씬 이전부터 인간이 자신을 확인하는 방식이었다. 글을 쓰고, 노래를 부르고, 이미지를 만들고, 무엇인가를 조립하고 설계하는 행위는 결국 모두 같다.

인간은 그저 생존하는 것에 만족하지 않고, 기록하고 표현하며 흔적을 남기고 싶어 하는 존재이기 때문이다.

창작의 출발점에는 언제나 유희와 즐거움이 있다. 이는 어린아이가 특별한 목적 없이 낙서를 하고, 의미 없어 보이는 조합을 끝없이 반복하는 모습에서 가장 분명하게 드러난다. 인간은 필요해서만 만드는 존재가 아니라, 이유 없이도 무언가를 빚어보고 싶어 하는 본능적 존재다. 창작은 생존 전략 이전에 순수한 놀이였고, 계산 이전에 뜨거운 즐거움이었다.

연극을 뜻하는 영어 단어 'Play'는 이 지점을 상징적으로 드러낸다. Play는 놀다, 장난치다, 즐기다라는 뜻을 지닌 단어다. 연극은 본래 '진지한 메시지를 전달하는 고급 예술'이기 이전에, 사람들이 모여 몸을 움직이고 흉내 내며 이야기를 만들어가는 놀이 자체였다. 무대 위 배우들은 완벽한 현실을 재현하기보다, 마치 아이들처럼 '만약 내가 이 사람이라면?'이라는 가정 속에서 역할을 놀이처럼 연기한다. 연극이 Play라고 불리는 이유는 창작이 본질적으로 놀이의 연장선에 있기 때문이다.

인류의 역사를 거슬러 올라가면 창작이 본능이라는 증거는 도처에 널려 있다. 선사시대 동굴에서 발견된 뼈 피리는 생존을 위한 도구가 아니라 인간의 감정을 소리로 치환하려는 최초의 놀이 흔적이다. 음악은 효율이 아닌 희열을 위해 태어났다. 리듬을 만들고 소리를 반복하며, 인간은 스스로의 내면에 귀를 기울였다. 프랑스 라스코 동굴 벽화 역시 사냥 지침서라기보다 손에 물감을 묻혀 벽에 흔적을 남기는 행위 그 자체에서 오는 기쁨의 산물이다. 이는 계산된 결과물이라기보다 찰나의 감각을 영원으로 붙잡고 싶다는 창작적 충동에 가깝다.

언어 역시 본능적 창작의 영역이다. 인류 최초의 문자는 거래 기록을 남기기 위한 실용적 시스템으로 출발했지만, 곧 시와 이야기, 은유와 상징의 도구로 확장되었다. 말은 정보를 전달하는 수단인 동시에, 감정을 나누고 상상을 공유하는 고차원적 유희가 되었다. 오늘날 SNS 글쓰기나 블로그, 심지어 개인적인 일기까지도 결국은 '기억되고 싶다'는, 그리고 '연결되고 싶다'는 즐거운 본능의 발현이다.

몰입의 즐거움: 창작이 인간을 사로잡는 이유

창작이 지속되는 이유는 단순한 재미를 넘어, 인간의 뇌가 제공하는 강력한 보상 시스템과 깊이 연결되어 있다. 새로운 아이디어가 떠오르거나 막혀 있던 문제가 풀리는 순간,

뇌의 보상 회로는 즉각적으로 활성화된다. 이는 먹이를 찾거나 위험을 회피했을 때 작동하는 생존 본능의 회로와 동일한 경로를 따르며, 뇌는 '이 행위는 계속해도 좋다'는 강렬한 신호를 보낸다.

이 과정에서 분비되는 대표적인 물질이 도파민이다. 도파민은 흔히 쾌락의 물질로 알려져 있지만, 실제로는 '기대감'과 '다음 행동에 대한 동기'를 만들어내는 신경전달물질이다. '조금만 더 하면 뭔가 나올 것 같다'는 감각, '이번에는 다를 것 같다'는 예감이 바로 도파민이 만들어내는 힘이다. 그래서 창작의 기쁨은 완성의 순간보다 오히려 완성에 가까워지기 직전에 가장 강하게 느껴지는 경우가 많다.

이 구조는 게임이 오래 해도 즐거운 이유와도 정확히 맞닿아 있다. 게임은 즉각적인 보상과 다음 단계에 대한 기대를 정교하게 설계해, 플레이어가 쉽게 이탈하지 않도록 만든다. 레벨을 하나 더 올리면 새로운 기술이 열리고, 조금만 더 하면 다음 스테이지가 보인다. 끝이 있는 것처럼 보이지만, 항상 '바로 다음 목표'가 제시된다. 창작 역시 마찬가지다. 한 문장을 쓰면 다음 문장이 보이고, 하나의 문제를 해결하면 더 흥미로운 문제가 나타난다. 그래서 사람들은 지치면서도 쉽게 손을 놓지 못한다.

심리학자 미하이 칙센트미하이는 이 상태를 몰입(Flow)

이라 불렀다. 몰입은 자의식이 사라지고 시간 감각이 흐려지며, 인간이 활동과 하나가 되는 경험이다. 이때 뇌파는 일상적인 베타파에서 세타파나 감마파로 변화하고, 자아 인식과 판단을 담당하는 전두엽 일부는 일시적으로 활동을 줄인다. 불필요한 잡생각이 사라지고, 뇌와 몸은 놀라울 정도로 효율적인 상태에 들어간다.

많은 창작자들은 완성된 결과물보다 그것을 만들어가던 몰입의 시간을 더 그리워한다. 창작은 단순한 생산 활동이 아니라 인간의 의식과 감각을 변화시키는 깊은 경험이기 때문이다.

성취감: 새로운 세계를 빚어낸 자의 긍지

창작의 즐거움이 유희와 몰입을 지나 최종적으로는 성취감이라는 목적지에 도달한다. 역사 속의 많은 창작자들은 '이전에는 없던 것'을 만들어냈다는 사실에서 가장 큰 기쁨을 느꼈다고 기록한다. 레오나르도 다 빈치에게 창작은 소비보다 깊은 행복이었고, 보는 것보다 만드는 것이 인간을 더 완전하게 만든다는 믿음이었다.

스티브 잡스 역시 기술의 혁신을 언제나 예술의 관점에

서 바라보았다. 그는 효율의 극대화가 아니라 '감동의 창조'를 혁신의 본질로 삼았다. 그리고 이 철학은 결과적으로 사용자 경험과 감성적 디자인을 중시하는 애플의 정체성이 되었다. 리드 칼리지(Reed College) 시절, 그를 사로잡았던 캘리그래피(서예) 수업은 단순한 취미가 아니었다. 훗날 매킨토시가 컴퓨터 역사상 처음으로 아름다운 타이포그래피를 품게 된 것은, 컴퓨터 화면이 단순한 정보창이 아닌 '읽고 싶은 심미적 공간'이어야 한다는 그의 창작적 성취욕이 빚어낸 결과였다. 또한 이러한 성취는 외부의 평가 이전에, 잡스가 스스로에게 주는 보상이었다. '이것은 내가 만든 것이다'라는 감각, 즉 성취감이다.

이러한 성취의 역사는 일론 머스크에게서도 발견된다. 스페이스X의 초기 실패는 절망적이었다. 그는 극심한 스트레스로 악몽과 신체적 증상에 시달릴 정도였다. 하지만 그는 부품 하나를 직접 설계하고 제작하는 집요한 몰입을 멈추지 않았다. 주당 100시간이 넘는 노동과 집요한 집중 끝에 2008년 팰컨 1호가 궤도 진입에 성공했을 때 그가 느낀 감정은 단순한 사업의 성공이 아니었을 것이다. 불가능하다고 여겨졌던 영역을 스스로의 손으로 열어젖힌 짜릿한 긍지였을 것이다.

결국 창작의 끝에는 언제나 성취감이 남는다. 그것은 우리를 다시 텅 빈 캔버스와 빈 화면 앞으로 되돌려 보내는 가장 강력한 에너지다. 창작은 본능에서 출발해 직업으로 안착하지만, 유희와 즐거움, 몰입의 기쁨, 성취감이라는 세 가지 보상이 여전히 창작의 중심이라는 사실은 결코 변하지 않는다. 창작은 생존을 넘어 우리가 어떻게 기억되고, 어떻게 성장하며, 어떻게 세상과 연결되는지를 보여주는 가장 인간다운 방식이다.

창작자의 감각 – 창작의 본능

모든 위대한 창작은 '이유 없는 즐거움'과 '놀이'에서 시작되었다. 창작은 인간이 존재를 증명하고 자각하는 원초적 본능이며, 몰입 끝에 찾아오는 성취감은 창작의 가장 강력한 보상이다.

관찰하고 소통하고
기록하는

'호모 크리에이티브'

글을 쓰거나 그림을 그린다는 행위는 겉보기에는 정적인 개인의 취미처럼 보이지만, 그 이면에는 인간이 세계와 관계를 맺는 가장 본질적인 방식이 숨어 있다. 누군가는 찰나의 순간을 문장으로 옮기고, 누군가는 그것을 선과 색으로 영원히 고정한다. 이 치열한 행위의 뿌리에는 '관찰', '소통', '기록'이라는 세 가지 축이 자리 잡고 있다.

관찰하는 존재: 일상을 다르게 응시하는 힘

창작의 첫 출발점은 언제나 관찰이다. 창작자는 단순히 '세상을 보는 사람'이 아니라, '일상의 평범한 장면에서 비범한 질서를 찾아내는 사람'이다. 폴 세잔은 사과 하나를 그리기 위해 수십 번, 수백 번을 응시했다. 그에게 사과는 단순한 정물이 아니라 '이 대상이 어떻게 존재하는가'에 대한 해답이었다. 그래서 그의 그림 속 사과는 현실과 닮아 있으면서도 현실을 초월한 구조를 가진다. 그는 고정된 시점에서 벗어나 여러 각도에서 본 사과를 하나의 화면에 담아냈고, 이 왜곡된 형태는 오히려 사물이 지닌 물리적 존재감을 더 강렬하게 드러냈다. 현실을 닮았으나 현실을 초월한 그의 사과는, 관찰이 단순한 복제가 아니라 새로운 세계의 재구성임을 증명한다.

오귀스트 르누아르는 관찰을 통해 삶의 가장 눈부신 순간, 행복의 순간을 붙잡으려 했다. 그는 "그림은 사람들에게 기쁨을 주어야 한다"고 믿었다. 극심한 관절염으로 붓을 손에 묶어가며 그림을 그려야 했던 고통 속에서도, 그의 캔버스는 햇살 아래 춤추는 사람들과 아이들의 웃음으로 가득 찼다. 그에게 관찰은 현실의 고통을 외면하는 것이 아니라, 그럼에도 존재하는 '기쁨'을 선택하여 기록하는 예술적 투쟁이었다. 무엇을 보고 무엇을 남길 것인가 하는 창작자의 선택이 곧 예술의 태도가 된다.

예술은 관찰을 통해 시작되지만, 그 목적은 소통에 있다. 인간은 혼자 느끼고 혼자 생각하지만, 혼자서는 감정을 견딜 수 없다. 말로 다 표현되지 않는 감정은 예술을 통해 타인에게 전달된다. 연극 무대에서 배우는 자신의 몸과 감정을 관객에게 내어주고, 관객은 그 감정을 자신의 경험과 겹쳐 받아들인다. 그림과 음악, 문학은 서로 다른 삶을 살아온 사람들이 감정의 층위에서 만나는 지점을 만든다.

소통하는 존재: 말로 다 못 할 마음의 결을 나누다

창작은 가장 고독한 행위인 동시에 가장 간절한 소통의 도구다. 인간은 혼자 존재하지만, 그 안의 감정이 '진짜'가 되기 위해서는 누군가에게 닿아야 한다. 하지만 언어는 때로 너무 단단해서 미묘한 마음의 결을 다 담아내지 못한다. 예술은 바로 그 지점에서 소통의 다리가 된다.

문학에서 이러한 소통 방식은 어니스트 헤밍웨이에게서 뚜렷하게 나타난다. 헤밍웨이는 불필요한 수식을 철저히 제거한 간결한 문장으로 인간 실존의 본질을 드러내고자

했다. 그의 '빙산 이론'은 절제의 미학을 보여준다. 글의 표면에는 차가운 사실만을 두고, 그 아래에 뜨거운 감정과 의미를 숨겨 독자가 스스로 발견하게 한다. 『노인과 바다』에서 산티아고의 고독과 패배, 그리고 존엄은 요란한 수식 없이도 독자의 심장에 깊이 박힌다. 이는 감정을 강요하지 않는 고도의 소통이며, 관찰과 기록을 통해 독자와 신뢰를 쌓는 방식이다. 헤밍웨이에게 글쓰기는 삶을 미화하는 수단이 아니라 있는 그대로의 현실을 정직하게 기록하는 윤리적 행위였다.

레프 톨스토이의 글쓰기는 또 다른 방향에서 인간과 소통한다. 그는 인간 존재의 본질과 진정한 행복이 무엇인지를 묻기 위해 글을 썼다. 천사의 시선을 통해 사랑의 가치를 전한 『사람은 무엇으로 사는가』처럼, 그는 복잡한 철학을 누구나 마음으로 이해할 수 있는 쉬운 이야기로 기록했다. 톨스토이에게 문학은 지식을 자랑하는 수단이 아니라 인간 존재에 대한 보편적인 윤리적 질문을 던지는 가장 따뜻한 소통 방식이었다.

기록하는 존재: 잊혀지는 것들을 붙잡다

안네 프랑크의 일기는 창작의 의미를 가장 극적으로 보여 주는 기록물이다. 나치의 유대인 박해를 피해 암스테르담의 은신처에서 숨어 지내던 열네 살 소녀를 지켜준 것은 가상의 친구 '키티'에게 보내는 편지 형식을 빌려 쓴 일기였다. 그 기록은 단순한 일상의 나열이 아니라 외로움과 두려움 속에서 스스로를 지켜내기 위한 방식이자 '살아 있는 존재'임을 스스로 확인하는 몸부림이었다. 안네는 세상을 떠났지만, 그녀의 글은 살아남아 인류의 기억이 되었다. 존재를 증명하고 시간을 넘어 타인과 연결되는 기록의 힘을 보여주는 사례다.

이러한 기록의 힘은 개인을 넘어 공동체의 역사로 확장된다. 조선의 사관들은 권력에 의한 왜곡을 막기 위해 '직필'을 목숨처럼 여겼다. 왕이라 할지라도 열람할 수 없었던 그들의 '사초'는 현재의 권력에 봉사하는 것이 아니라 시간을 넘어 진실에 봉사하는 행위였다. 사관의 글쓰기는 평가를 후대에 맡기고 사실을 온전히 남김으로써 다음 세대가 스스로 판단할 수 있는 기반을 마련했다. 기록은 그렇게 공동체의 미래를 지키는 파수꾼이 된다.

창작은 관찰에서 출발해 소통으로 나아가고, 기록으로 완성된다. 그리고 이 모든 과정은 수집과 재구성 위에서 이루어진다. 창작자는 세상을 채집하는 사람이다. 거리의 풍경, 스쳐 지나간 문장 하나를 마음속에 쌓아두었다가 새로운 의미로 재구성한다. 창작은 인간의 존재 인식과 직결된다. 허구로 구성된 예술이 오히려 현실보다 더 진실한 질문을 던지는 것도 같은 맥락이다. 삶의 부조리, 죽음과 고통, 사랑과 희망처럼 너무 무거워 정면으로 바라보기 힘든 질문들을, 예술은 상징과 형식을 통해 안전하게 우리 앞에 꺼내놓는다. 작품은 관객에게 거울이 되어 자신의 삶과 세계를 돌아보게 한다. 그래서 예술은 생존을 위한 도구는 아닐지 몰라도, 우리 존재를 가장 선명하게 만드는 방식이다.

창작자의 감각 – 관찰, 소통, 기록

창작은 세상을 관찰하고 나만의 시선으로 형상화하는 존재 확인의 과정이다. 예술은 언어로 다 표현할 수 없는 내면의 결을 타인과 나누는 소통의 다리이며, 기록은 개인의 존재를 증명하는 행위를 넘어, 진실을 미래 세대와 연결하는 고리다.

존재
증명서

•

다시, 사람은 왜 글을 쓰는가? 생계를 위해서일 수도 있고, 명예를 위해서일 수도 있으며, 메시지를 전달하기 위해서일 수도 있다. 하지만 그 모든 밑바닥에는 단 하나의 진실이 존재한다. '내가 여기에 존재했노라'라는 사실을 세상에 남기고 싶다는 욕망이다.

창작물은 단순한 산출물이 아니다. 그것은 창작자가 살아온 방식, 기억의 결이 축적된 지적 자아, 즉 정신적 정체성(mental identity)의 응결이다. 하나의 문장, 하나의 장면, 하나의 설정에는 창작자의 시간과 선택, 실패와 집착이 스며 있다. 누군가 내 작품에서 무단으로 이름을 지우거나 다른 이름으로 바꾸었을 때 느끼는 분노는 단순한 경제적 손실에 대한 반응으로 설명하기 어렵다. 그것은 마치 내 이름이 역사에서 삭제되고, 내가 남긴 흔적이 타인의 것으로 둔갑하며, 나라는 존재 자체가 부정당하는 경험에 가깝다.

영화 크레디트: 이름 뒤에 숨은 생존의 연대기

작가이든 감독이든, 완성된 영화에 자신의 이름을 올릴 수 있는 권리는 저작인격권 중 하나인 '성명표시권(droit moral)'에서 출발한다. 특히 할리우드에서 영화 크레디트는 단순한 장식을 넘어선 작가들의 '생존 장치'였다. 크레디트는 첫째, 진정한 저자를 확인하는 '역사적 사실'의 기능, 둘째, 감독과 제작사에 맞서 작가의 지위를 확보하는 정치적 기능, 셋째, 상표권과 유사한 출처 표시 기능을 수행한다.

영화의 크레디트는 단순한 엔딩 장식이 아니다. 그것은 누가 이 작품을 만들었는지에 대한 공식 기록이며, 동시에 다음 작품으로 이어지는 경력의 증명서다. 영화 크레디트와 관련된 소송이 빈번하게 발생하는 이유도 여기에 있다. 크레디트 분쟁은 대체로 성명표시권 침해 여부, 또는 계약상 크레디트 명시 의무 위반을 중심으로 전개된다. 크레디트를 기준으로 방송 사용료가 지급되는 구조 속에서, 크레디트는 불안정한 지위의 영상물 작가들을 시장에 머무르게 하는 최소한의 안전망으로 작동한다.

영화 <소주전쟁>(2025)의 경우, 해고된 감독이 크레디트 표기 문제를 둘러싸고 제작사를 상대로 법적 분쟁을 벌였다. 제작사는 '현장 연출'이라는 크레디트를 부여했다고 주장했지만, 감독 측은 자신의 실질적 기여도에 비해 부당하게 격하된 표기라며 민사 소송과 가처분을 제기했다. 넷플릭스 오리지널 콘텐츠인 <지옥 2>, <기생수> 등의 경우에도 제작에 참여한 스태프들이 엔딩 크레디트에서 이름이 누락되었다며 제작사를 상대로 크레디트 명기를 요구하는 소송을 제기했다. 이는 국내에서 스태프가 집단적으로 크레디트를 문제 삼은 거의 최초의 사례이다. 크레디트 누락이 단순한 명예 문제를 넘어 다음 작업 기회를 박탈하는 구조적 문제임을 보여준다.

국내 판례 역시 이러한 문제의식을 반영하고 있다. 영화 <6년째 연애중> 사건(2009)에서 최초 시나리오 작가가 크레디트에서 누락된 것은 성명표시권 침해에 해당한다며 위자료를 인정한 반면,[16] 2003년 <2009 로스트 메모리즈> 사건에서는 복수의 작가가 참여한 경우 최종 시나리오에 '상당한 기여'를 한 경우에만 성명표시권이 인정된다고 보아 청구를 기각했다.[17] 모두 창작에서 이름을 남기는 일의 의미를 되새겨준다.

결국 창작을 한다는 것은 이름을 남기는 일이다. 그 이름은 그저 호칭이 아니라 한 인간이 세계와 맺어온 관계의 압축이다. 성명표시권과 크레디트는 창작자의 자존심이자 생존권이며, 법이 인정하는 최소한의 존엄이다.

화가의 서명: 캔버스 위에 새긴 인격의 낙인

화가가 작품에 서명을 하는 순간은 단순한 마무리 동작이 아니다. 그것은 붓을 내려놓는 동시에 자신의 인격을 작품 속에 박제하는 행위다. '이것은 내가 빚어낸 세계다'라는 선언이자 '나는 여기에 존재했다'라는 존재의 흔적인 셈이다.

창작물은 단순한 결과물이 아니다. 하나의 화면, 하나의 색면, 하나의 붓질에는 창작자의 시간과 선택, 실패와 집요함이 응축되어 있다. 그렇기에 예술 작품은 단순한 물건이 아니라 한 인간의 삶이 응고된 형식이라 할 수 있다. 이런 차원에서 미술가의 서명은 여러 기능을 동시에 수행한다. 첫째, 진품 인증의 기능이다. 서명은 해당 작품이 특정 예술가에 의해 창작되었음을 보여주는 핵심 요소다. 미술 시장에서 서명은 작품의 진위를 가르는 출발점이며, 재판매·상속·전시·감정의 기초 자료가 된다.

둘째, 예술가의 브랜드 기능이다. 19세기 이후 예술의 가치는 점차 작품의 기교 그 자체보다 '누가 만들었는가'에 의해 좌우되기 시작했다. 고흐의 서명, 피카소의 서명, 달리의 서명은 그들의 세계관과 스타일을 응축한 상징이 되었다. 이 시점에서 서명은 예술가 개인의 브랜드이자 신뢰의 표식으로 기능한다.

셋째, 저작인격권으로서의 성명표시권이다. 저작권법은 저작자에게 자신의 저작물에 실명이나 이명을 표시할 권리를 부여한다. 이는 양도할 수 없는 인격적 권리로서 작가의 명예와 동일선상에서 보호된다. 미술 작품의 서명은 바로 이 성명표시권의 시각적 표현이며, 무단으로 이를 삭제·위조·도용하는 행위는 상거래 문제를 넘어 명예훼손이나 저작권 침해로 평가될 수 있다.

넷째, 작품 완성의 선언이다. 많은 화가들에게 서명은 '이 작품은 더 이상 고칠 수 없으며, 이 상태로 세상에 나간다'는 개인적 선언이다. 서명을 하기 전까지 작품은 열려 있지만, 서명을 하는 순간 작품은 작가의 손을 떠난다.

역사적으로 서명은 예술가의 지위 상승과 궤를 같이한다. 익명의 장인에 불과했던 중세 미술가들과 달리, 미켈란젤로가 <피에타>에 자신의 이름을 새긴 것은 독립된 창작 주체로서의 당당한 선언이었다. 서명의 법적 의미를 가장 극명하게 보여주는 사례가 바로 피카소 서명 사건이다. 대법원은 세계적으로 저명한 화가의 서명이 피카소의 유족들에 의해 무단으로 상표로 사용되는 것을 명확히 제한했다.[18] 재판부는 "화가가 미술품에 표시한 서명은 저작권법상 독립된 저작물로 보기는 어렵다"고 하면서도, 동시에 "세계적으로 저명한 화가의 서명을 무단으로 상표로 사용하는 경우, 이는 화가 개인의 명예를 훼손하고 상품 유통 질서를 침해할 우려가 있으므로 해당 서명은 보호되어야 한다"고 판시했다. 즉 서명은 필적을 넘어 인격과 명성을 결합한 표지라는 점을 분명히 한 것이다.

이 판결은 중요한 메시지를 담고 있다. 결국 창작한다는 것은 세상에 이름을 남기는 일이다. 그 이름은 단순한 호칭이 아니라 한 인간이 평생에 걸쳐 세계와 맺어온 관계의 압축이다. 성명표시권과 크레디트는 창작자의 자존심인 동시에 생존권이며, 법이 인정하는 '인간다운 창작'을 위한 최소한의 선언이다.

창작자의 감각 – 존재의 증명

이름을 남긴다는 것은 결과물에 대한 책임을 지겠다는 창작자의 가장 고귀한 서약이다. 작품에 남긴 서명은 작가의 삶과 창작이 지워지거나 도용되지 않도록 지키는 인격의 보루다.

탄력성

미디어 소용돌이 속에서
중심 잡기

오늘 내가 만든 한 편의 콘텐츠는 어디까지 변형되어 돌아올까?

원소스 멀티유즈(OSMU)와 트랜스미디어의 시대에 콘텐츠는 더 이상 '하나의 작품'으로 종결되지 않는다. 한 줄의 문장과 한 장의 그림이 거대한 세계관의 씨앗이 되고, 플랫폼의 경계를 넘나들며 수익과 영향력을 기하급수적으로 증식시킨다. 하지만 그 이면에는 속도와 알고리즘의 소용돌이 속에서 창작자의 통제권을 손쉽게 앗아갈 위협 또한 도사리고 있다. 해리 포터나 디즈니의 엘사처럼 확장은 창작자에게 무한한 기회가 되지만, 정교한 설계 없는 무단 활용과 규제 속에서 콘텐츠를 허무하게 소진하기도 한다.

창작자는 어디까지를 '확장'으로 설계하고 어디서부터를 '침해'로 규정해 단호하게 대응해야 할까. 이 장에서는 그 경계 위에서 변화의 한가운데를 관통하면서도 중심을 잃지 않는 '창작의 탄력성'을 다룬다. 세계관을 오래 지속시키는 구조의 설계, 라이선스와 계약을 다루는 영리한 감각, 플랫폼과 팬덤을 전략적으로 활용하는 방식, 그리고 법이 기술을 따라잡지 못하는 순간에 스스로를 지키는 최소한의 기준까지 알아본다. 미디어의 거센 파도에 휩쓸리기보다 그 파도의 에너지를 자신의 추진력으로 바꾸는 실전적인 관점을 창작자에게 제안하고자 한다.

하나의 씨앗과
천 개의 숲,

OSMU와 IP 아키텍처

•

디지털과 네트워크 기반 문화가 확장되면서 콘텐츠는 더 이상 단일 형식에 머물지 않는다. 과거에는 책은 책으로, 음악은 음악으로, 영화는 영화로 소비되었다면, 이제는 하나의 원천(Source)에서 출발해 무수한 방식으로 뻗어나가는 원소스 멀티유즈(One Source Multi-Use, OSMU)가 사업의 기본 문법이 되었다.

원소스 멀티유즈는 하나의 원천 콘텐츠(IP)를 기반으로 영화, 드라마, 게임, 공연, 출판, 테마파크, 굿즈 등 다양한 산업과 미디어로 확장하여 반복적으로 활용하는 전략을 의미한다. 이는 단순한 재활용이라기보다는 하나의 서사와 세계관을 중심으로 산업 간 시너지를 창출하는 IP(지식재산권) 중심의 전략이다. OSMU의 핵심은 '한 번의 창작이 끝이 아니라 시작'이라는 점이다. 원천 콘텐츠는 출발점일 뿐이며, 그 과정에서 IP는 지속적으로 수익을 창출하는 자산으로 진화한다.

해리 포터는 OSMU의 가장 교과서적인 사례다. J. K. 롤링의 소설에서 시작된 이 이야기는 영화를 거치며 전 세계가 공유하는 시각적 아이콘으로 고정되었다. 첫 단계는 소설에서 영화로의 전환이었다. 워너브라더스는 원작 소설이 가진 탄탄한 세계관과 캐릭터를 충실히 기반으로 삼으면서도, 영화라는 매체의 특성을 적극 활용했다. 여덟 편에 걸친 영화 시리즈에서 호그와트의 전경과 마법 주문의 시각화는 해리 포터를 '읽는 것'에서 누구나 떠올릴 수 있는 '보는 것'으로 전환시켰다.

나아가 유니버설 스튜디오는 '해리 포터의 마법 세계'를 조성함으로써 콘텐츠 소비를 감상에서 체험으로 격상시켰다. 관객은 직접 지팡이를 고르고 버터 맥주를 마시며 세계관의 일원이 된다. 여기에 게임 <호그와트 레거시>와 뮤지컬, 수많은 굿즈가 결합하면서 해리 포터는 특정 매체에 종속되지 않는 자족적인 문화 산업 생태계를 완성했다.

해리 포터가 세계관 중심이라면, 엘사는 캐릭터 중심

OSMU의 정점이다. <겨울왕국>은 하나의 애니메이션 영화로 출발했지만, 엘사라는 캐릭터는 곧 디즈니를 대표하는 글로벌 아이콘으로 성장했다. 영화와 음악 <렛 잇 고(Let It Go)>의 결합은 엘사를 단순한 캐릭터를 넘어 '해방과 주체성'의 상징으로 각인시켰다. 디즈니는 이 강력한 정서적 유대를 기반으로 속편, 단편 애니메이션을 비롯해 유튜브 콘텐츠를 쉼 없이 내놓으며 소비자와의 지속적인 접촉을 만들어갔다.

그리고 이 전략은 머천다이징(MD)에서 폭발했다. 인형과 드레스부터 생활용품 전반으로 확장된 엘사는 어린이 소비자에게 자신을 투영하고 동일시하는 일상 속 브랜드가 되었고, 브로드웨이 뮤지컬 <프로즌(Frozen)>과 테마파크 어트랙션은 엘사라는 캐릭터를 입체적인 경험으로 전환하여 IP의 생명력을 무한히 연장하고 있다.

최근 가장 주목받는 넷플릭스 애니메이션 <케이팝 데몬 헌터스>는 K-팝과 한국 전통문화가 결합한 새로운 OSMU 모델을 제시했다. 이 작품의 성공은 스크린 밖, 특히 한국 국립중앙박물관의 전통문화 상품의 판매로 이어지며 강력한 파급력을 보여주었다. 민화 <호작도>에서 영감을 받은 캐릭터 '더피'와 '서씨'의 인기는 박물관 굿즈의 기록적인 매출과 '오픈런' 현상까지 만들어내며 박물관을 글로벌 팬덤의 소비 공간으로 변모시켰다. 이는 글로벌 IP가 공공 문화 영역과 결합하여 전통문화를 현대적인 소비재로 재탄생시킨 혁신적인 사례이며, 한국 전통문화가 글로벌 플랫폼을 통해 자연스럽게 소비되고 재발견될 수 있음을 증명해냈다.

한국형 콘텐츠의 무한 확장

한국 콘텐츠 산업의 OSMU는 웹툰과 웹소설을 원천으로 하여 더욱 정교하게 작동한다. 웹툰과 웹소설은 세계관과 캐릭터가 정교하게 설계된 상태로 출발하여 드라마·영화·애니메이션·게임으로의 전환이 상대적으로 용이하다. 조석 작가의 <마음의 소리>는 일상형 웹툰도 드라마, 게임, 굿즈로 확장되며 장기적인 IP가 될 수 있음을 입증했다. <나 혼자만 레벨업>의 경우에도 웹소설에서 웹툰으로, 다시 일본 애니메이션으로, 그리고 글로벌 게임으로 확장되며 국경을 넘는 협업형 OSMU 모델을 구현했다. 이 밖에도 <지금 우리 학교는>, <지옥>, <김비서가 왜 그럴까>와 같은 웹툰·웹소설 원작 드라마들은 넷플릭스, tvN, 티빙 등 다양한 플랫폼을 통해 전 세계 시청자와 만났고 K-콘텐츠 전성기의 한 축을 담당했다.

창작자가 만든 한 줄의 문장과 한 장의 그림은 이제 하나의 세계를 여는 시작점이다. OSMU의 성패는 확장의 양이 아니라 세계관의 생명력에 달려 있다. 이를 위해 창작자는 스스로 단순한 생산자가 아닌 IP 설계자로 스스로를 인식해야 하며, 초기 단계부터 확장 가능한 구조와 공정한 라이선스 체계를 고민해야 한다.

창작자의 감각 – 원소스 멀티유즈

좋은 이야기는 한 번 읽히고 말지만, 위대한 IP는 수천 가지 모습으로 다시 태어난다. OSMU는 콘텐츠를 단발성 소모품이 아닌 지속적인 유기체로 만든다.

트랜스미디어
스토리텔링과

세계관의 확장

·

콘텐츠는 이제 하나의 형식이 아니라 하나의 세계관으로 살아남는다. 과거 저작권은 책 한 권, 영화 한 편처럼 개별 작품을 기준으로 보호되었으나 오늘날 산업의 중심은 단일 작품을 넘어 세계관(IP Universe)으로 재편되었다. 이를 관통하는 핵심 개념이 바로 '트랜스미디어 스토리텔링(Transmedia Storytelling)'이다.

트랜스미디어 스토리텔링은 동일한 이야기를 반복하는 것을 넘어 하나의 세계관 안에서 서로 다른 미디어가 각기 다른 경험과 이야기의 조각을 제공하는 방식이다. 소설이 뼈대를 세우면, 영화는 시각적 해석을 더하고, 게임은 이용자를 그 세계 속으로 끌어들인다. 이제 콘텐츠는 '완성된 결과물'이 아니라 끊임없이 증식하는 '세계관 자산'으로 진화하고 있다.

마블 시네마틱 유니버스(MCU)는 이 전략의 정점을 보여준다. 2008년 <아이언맨>으로 시작된 이 여정은 개별 히어로의 서사를 차근차근 쌓아 올린 뒤, <어벤져스>를 통해 '모든 이야기는 연결되어 있다'는 강력한 세계관의 규칙을 각인시켰다. MCU의 성공 비결은 영화와 스핀오프, 단편 영상이 유기적으로 연결되는 트랜스미디어 스토리텔링의 구조에 있다. 관객은 수동적 소비자를 넘어 세계관의 복선을 찾아내는 능동적 참여자가 된다. 이러한 몰입은 영화관을 넘어 현실 공간으로 이어진다. 로스앤젤레스, 파리, 홍콩 등에 조성된 마블의 '어벤져스 캠퍼스'의 방문객들은 쉴드의 신입 요원이 되어 어벤져스 멤버를 만나고, 스파이더맨의 웹 슈터로 스파이더 붓을 잡는 '경험의 주체'로 변모한다. 이는 콘텐츠가 어떻게 거대한 경험 산업으로 전환되는지를 보여주는 상징적 장면이다.

베이징 유니버설 스튜디오의 전략 또한 흥미롭다. 이들은 할리우드 블록버스터 IP와 중국 현지 문화 IP를 결합해 <쿵푸팬더: 랜드 오브 어썸니스>와 같은 전용 구역을 설계했다. 베이징에만 존재하는 이 테마 구역은 영화 속 공간을 재현하고, 공연과 식음료까지 쿵푸팬더 세계관으로 구성해 특별한 경험을 제공한다. 이는 글로벌 세계관이 현지화 전략과 만났을 때 창출되는 강력한 시장 지배력을 증명한다.

일본 콘텐츠 산업의 경우 캐릭터와 서사가 오랜 시간 축적되며 일상 속으로 스며드는 방식을 눈여겨볼 만하다. 1996년 닌텐도 게임으로 처음 등장한 <포켓몬스터>의 포켓몬을 모으고, 키우고, 교환하고, 배틀한다는 단순하지만 중독성 강한 구조는 애니메이션, 카드 게임, 그리고 모바일 게임으로 확장되었다. 이제 포켓몬은 '소비해야 할 상품'이기보다 '함께 자라는 세계'처럼 인식된다. 참여의 통로였던 게임에서 시작해 애니메이션으로 감정의 뿌리를 만들고, 위치 기반 모바일 게임 <포켓몬 GO>로 세계관을 현실 공간으로 확장하며 현실과 가상 세계를 겹쳐놓는 생활형 세계관으로 진화한 것이다.

스튜디오 지브리의 세계관 확장은 포켓몬과는 또 전혀 다른 길을 걸었다. 미야자키 하야오와 다카하타 이사오가 이끈 지브리 작품들은 단순한 애니메이션을 넘어 인간과 자연, 성장과 상실, 노동과 존엄이라는 보편적 주제를 깊이 있게 다뤄왔다. 이로 인해 지브리 세계관은 명확한 '유니버스'라기보다는 관객의 기억과 감정 속에서 이어지는 하나의 정서적 세계로 작동한다.

지브리 세계관 확장의 중요한 전환점은 공간 콘텐츠다. 2001년 도쿄 미타카에 개관한 지브리 미술관은 단순한 전시 공간이 아니다. 이곳은 애니메이션의 제작 과정을 설명하는 동시에, 관람객이 직접 보고, 느끼고, 상상하도록 설계된 '체험형 박물관'이다. 관람객은 자유롭게 공간을 탐색하며 지브리 작품의 분위기를 몸으로 경험한다. 이는 지브리 세계관이 '설명되는 세계'가 아니라 '느껴지는 세계'임을 상징적으로 보여준다.

2022년 아이치현에 개장한 지브리 파크는 롤러코스터와 대형 어트랙션 중심의 전통적 테마파크와 달리 <이웃집 토토로>, <센과 치히로의 행방불명>, <하울의 움직이는 성> 등 작품 속 공간과 장면을 실제 크기로 재현하고, 관람객이 그 안을 천천히 거닐며 몰입할 수 있도록 설계되었다. 빠른 소비보다 체류와 감상을 중시하는 이 방식은 지브리 세계관의 철학과 정확히 맞닿아 있다. 상업적 과잉을 절제함으로써 자신들의 세계관을 장기적으로 보존해야 할 문화 자산으로 관리하며 세대를 잇는 기억의 공유지로 만들고 있는 셈이다.

한국형 모델: 전통과 현대, 디지털과 팬덤의 융합

한국 또한 강렬한 서사와 디지털 플랫폼, 그리고 팬덤의 참여가 결합한 독자적인 모델을 구축해나가는 중이다. 그 중심에 있는 넷플릭스 애니메이션 <케이팝 데몬 헌터스>는 한국적 샤머니즘과 K-팝 아이돌 산업을 하나의 세계관으로 통합했다. 걸그룹 '헌트릭스(Huntr/x)'와 저승사자를 모티프로 한 '사자 보이즈(Saja Boys)'는 전통과 현대가 충돌하지 않고 하나의 서사 구조 안에서 자연스럽게 연결될 수 있음을 보여준다. 또한 단순한 흥행작을 넘어, 굿즈 구매 '오픈런'과 챌린지 문화를 유발하며 가상의 서사가 현실의 소비와 놀이로 확장되는 전형적인 트랜스미디어 사례가 되었다.

K-팝 산업 전반 또한 이제 음악 단독 소비에서 벗어나 '세계관형 스토리 소비'로 전환 중이다. 팬들은 세계관을 해석하고 확장하는 공동 창작자가 된다. 게임 산업 역시 넥슨의 <메이플스토리>나 넷마블의 <세븐나이츠 리버스>처럼 장수 IP를 '장기 운용형 자산'으로 관리하며 세계관의 생명력을 연장하고 있다.

이처럼 한국형 세계관 확장은 몇 가지 특징을 갖는다. 첫째, 전통과 현대를 대립시키지 않고 하나의 서사 구조 안에서 통합한다. 둘째, 디지털 플랫폼과 팬덤 참여를 통해 세계관을 살아 있는 구조로 만든다. 셋째, 콘텐츠를 작품이 아니라 장기적 자산으로 인식하고 관리한다. 넷플릭스 시청 순위에서 한국 콘텐츠가 미국 다음으로 많은 시청자를 확보하고 있다는 사실은 이러한 세계관 전략이 이미 글로벌 시장에서 유효함을 보여준다.

오늘날 콘텐츠의 성패는 한 편의 작품이 아니라 얼마나 치밀하게 설계된 세계관을 다양한 경로로 경험하게 하느냐에 달려 있다. 세계관 확장은 관객을 참여자로 전환하고, 콘텐츠를 일회성 상품이 아닌 장기적인 문화 자산으로 탈바꿈시킨다.

이제 저작권의 핵심은 무한히 증식하고 연결되는 '세계관'이라는 무형의 영토를 어떻게 관리하고 지켜낼 것인가에 있다. 일회성 흥행을 넘어 세대와 국경을 관통하는 독보적인 문화적 지형을 설계하는 힘이 창작자가 갖추어야 할 감각이자 역량이 되고 있다.

창작자의 감각 – 세계관과 IP의 확장

하나의 작품은 닫힌 문이지만, 하나의 세계관은 수천 개의 열린 창문과 같다. 이제 저작권의 핵심은 무한히 증식하는 '세계관'이라는 무형 자산을 관리하는 것이다. IP가 무한히 확장되는 시대의 창작자는 일회성 흥행이 아니라 세대와 국경을 관통하며 지속되는 문화적 영토를 설계할 수 있는 감각을 길러야 한다.

법은

혁신의 브레이크인가, 안전벨트인가

·

디지털 시대의 창작은 그 어떤 시대보다 빠르게 생성되고, 빠르게 소멸하는 순환 속에 놓여 있다. 새로운 스타일과 신조어, 밈과 기술은 하루에도 수십 번씩 생성되고 퍼지며 전 세계 공통 언어처럼 사용되다가 어느 순간 조용히 사라진다. SNS 알고리즘, 숏폼 문화, 자동화된 추천 시스템은 창작물을 '기억되는 예술'이 아니라 '순간 소비되는 콘텐츠'로 만들어버리기도 한다. 이런 속도 속에서 창작자는 어떻게 살아남을 것인가.

기술의 발전은 언제나 법과 제도의 경계를 시험해왔다. 문제는 기술이 사회에 미치는 영향이 본격적으로 드러날

때쯤에야 법이 움직인다는 점이다. 이 간극이 바로 '규제 지체(regulatory lag)'이다. 이는 혁신을 촉진하기보다는 오히려 가로막는 요인이 되기도 한다. 원격 의료, 공유 경제, 인공지능(AI) 규제를 둘러싼 논쟁은 기술이 법을 앞서 나갈 때 어떤 충돌이 발생하는지를 잘 보여주는 사례들이다.

원격 의료 및 디지털 헬스케어 기술은 기술 발전과 법적 규제 간의 간극이 가장 뚜렷하게 드러난 분야다. 정보통신기술(ICT), 인공지능, 웨어러블 기기, 빅데이터 분석 기술의 발전으로 의료 서비스는 병원이라는 물리적 공간을 벗어나 원격 진료와 상시 건강 관리의 형태로 진화했다. 환자는 스마트폰 앱을 통해 의사와 상담하고, 심박수·혈당·수면 패턴 같은 데이터를 실시간으로 전송받아 맞춤형 관리 서비스를 받을 수 있다. 기술적으로는 이미 충분히 구현 가능한 영역이지만, 법과 제도는 이러한 변화를 따라가지 못했다.

특히 한국의 의료법은 원격 의료의 범위와 의료 행위의 주체를 명확히 규정하지 못해 수년간 기술 도입이 지연되었다. 의료계는 환자의 안전과 책임 소재의 불분명함을 이유로 강하게 반발했고, 법은 기존의 대면 진료 중심 체계를 유지하는 데 머물렀다. 코로나19 팬데믹이라는 예외적 상황에서 한시적으로 비대면 진료가 허용되면서 사회적 효용을 입증했음에도 불구하고 제도는 다시 원래의 규제 틀로 회귀하는 양상을 보였다.

공유 경제와 모빌리티 서비스 역시 마찬가지다. 우버는 많은 국가에서 택시 산업과의 이해관계 충돌이 격화되었고, 법적 근거가 없다는 이유로 서비스가 금지되거나 강하게 제한되었다. 한국에서도 유사한 모빌리티 서비스들이 불법 논란에 휘말렸고, 새로운 제도를 마련하기까지 상당한 시간이 소요되었다. 이 과정에서 기술은 이미 대중의 선택을 받았지만, 법은 기존 산업 질서를 보호하는 방향으로 작동했다. 공유 숙박 서비스인 에어비앤비도 여행자에게 새로운 선택지를 제공했지만, 법은 이를 '무허가 숙박업'으로 규정하며 규제 대상으로 삼았다. 결국 기술이 만들어낸 새로운 시장은 법의 공백 속에서 회색지대로 남았고, 이용자·플랫폼·기존 산업 모두 불확실성에 노출되었다.

생성형 AI와 과잉 규제의 딜레마

최근 가장 뜨거운 논쟁은 생성형 AI를 둘러싼 규제 문제다. 유럽연합(EU)이 추진 중인 'EU AI 법안'은 AI를 위험 수준에 따라 분류하고, 고위험 AI 시스템에는 엄격한 규제와 의무를 부과하는 구조를 취한다. 취지 자체는 인권 보호와 안전 확보라는 점에서 의미가 있지만, 기술 업계에서는 과도한 규제가 혁신을 위축시킬 수 있다는 우려가 커지고 있다.

실제로 지멘스, 다쏘시스템, 하이네켄, 르노, 도이치 텔레콤, 에어버스 등 유럽을 대표하는 기업 임원 163명은 공개서한을 통해 EU AI 법안에 대한 우려를 표명했다. 이들은 생성형 AI를 과거 마이크로칩이나 인터넷의 발명에 비유하며, 기술의 초기 단계에서 과도한 규제를 적용하는 것은 유럽 기업의 경쟁력을 심각하게 훼손할 수 있다고 지적했다. 특히 기초 모델을 사용 사례와 무관하게 일률적으로 엄격히 규제할 경우, 개발 기업이 과도한 비용과 법적 책임을 부담하게 되면서 혁신을 위축시킬 가능성이 크다는 것이다.

여기에는 생성형 AI의 응용 가능성과 비즈니스 모델이 아직 충분히 이해되지 않은 상황에서 경직된 규제가 오히려 기술 발전의 방향을 왜곡할 수 있다는 문제의식이 깔려 있다. 이 논쟁은 법이 기술을 선제적으로 통제하려 할 때 발생하는 또 다른 형태의 규제 지체, 즉 '과잉 규제에 의한 지체'를 보여준다.

이러한 사례들을 종합하면, 기술 발전과 법 사이의 불일치는 속도의 문제만은 아니다. 법은 안정성과 예측 가능성을 중시하지만, 기술은 실험과 불확실성을 전제로 발전한다. 이 두 논리가 충돌할 때, 법이 기술을 지나치게 억제하면 혁신은 지연되고, 반대로 법이 역할을 하지 않으면 사회적 위험이 커질 수 있다. 그래서 최근 많은 전문가는 '선(先)허용-후(後)규제' 또는 '규제 샌드박스'와 같은 유연한 접근 방식을 대안으로 제시한다. 새로운 기술을 제한적으로 허용하고, 실제 작동 과정에서 드러나는 문제를 바탕으로 점진적으로 규범을 정비하자는 방식이다.

결국 기술의 발전이 법을 따라가지 못하는 문제는 어느 한쪽의 실패라기보다, 조정 방식의 문제다. 앞으로의 과제는 기술을 억누르는 법이 아니라 기술의 방향을 사회적으로 조율하는 법을 만드는 것이다. 법이 혁신의 브레이크가 아니라 안전벨트로 기능할 수 있을 때, 기술과 사회는 더욱 건강한 속도로 함께 진화할 수 있을 것이다.

진화하는 기술, 멈춰 있는 법

딥페이크를 중심으로 한 생성형 AI의 확산은 기술 발전의 속도가 규제 체계를 압도할 때 발생하는 문제를 가장 극명하게 드러낸다. 딥페이크 기술은 생성형 AI를 활용해 특정 인물의 얼굴, 음성, 말투를 정교하게 모방함으로써 '진짜와 구분하기 어려운 가짜'를 만들어낸다. 과거 합성 기술이 전문가의 영역이었다면, 이제는 일반 사용자도 간단한 프로그램만으로 고품질 딥페이크를 제작할 수 있다. 이로 인해 가장 심각한 문제가 디지털 성범죄다. 2020년 성폭력처벌법 개정을 통해 처벌 근거가 마련되었으나, 기술은 더 정교해졌고 유포 경로는 해외 서버로 숨어들었다. 피해 영상이 한번 온라인에 퍼지면 완전한 삭제는 사실상 불가능하며, 피해자는 지속적인 2차·3차 피해에 노출된다. 법은 사후 처벌에 머물지만, 기술은 실시간으로 진화하며 피해를 확산시키는 구조다.

이에 더해 딥페이크는 성범죄를 넘어 사기와 명예훼손 영역으로도 확장되고 있다. 유명인이나 일반인의 얼굴과 음성을 합성해 연애 감정을 가장한 로맨스 스캠이 벌어지고, 가짜 인터뷰 영상이나 음성 녹취가 유포되며 개인의 사회적 평판을 심각하게 훼손하는 사례도 늘고 있다. 문제는 현행 법체계가 '영상 조작' 자체보다는 그 결과로 발생한 범죄에 초점을 맞추고 있다는 점이다. 딥페이크 제작·유통의 기술적 특성과 위험성을 전제로 한 독자적인 규율 체계는 아직 충분히 정립되지 못했다.

생성형 AI의 학습 과정에서 발생하는 개인정보 침해 역시 기술이 법을 앞질러간 대표적 사례다. 한국에서 큰 논란이 되었던 AI 챗봇 '이루다' 사건은 이를 상징적으로 보여준다. 이루다는 실제 연인 간 SNS 대화 약 94억 건을 학습 데이터로 활용했는데, 이 과정에서 정보 주체의 동의 없이 이름, 주소, 사적인 대화 내용 등 민감한 개인정보가 포함되었다. 신기술 개발 과정에서 데이터 활용 기준이 얼마나 모호했는지를 드러낸 것이다.

기술적 보호조치의 미비로 인한 대규모 데이터 유출 문제도 여전히 반복되고 있다. 대표적인 사례가 북한 해킹 조직 '라자루스(Lazarus)'가 대한민국 법원 전산망에 침투해 대규모 정보를 유출한 사건이다. 이는 국가기관조차 사이버 보안 위협 앞에서 안전하지 않다는 사실을 드러냈다. 그러나 피해 발생 이후에도 책임 소재는 모호해진다. 기업이나 기관이 법에서 요구한 최소한의 기술적·관리적 보호조치를 다했는지가 쟁점이 되며, 피해자들은 충분한 배상을 받지 못하는 경우가 많다. 기술은 공격자의 손에서 빠르게 진화하지만, 법은 여전히 '예방 의무를 다했는가'라는 사후적 판단에 머무른다.

결국 딥페이크와 생성형 AI를 둘러싼 문제의 본질은 속도의 차이다. 기술은 실험과 실패를 전제로 빠르게 진화하지만, 법은 사회적 합의와 안정성을 전제로 천천히 움직인다. 기술이 빠르게 진화하는 시대에 창작을 둘러싼 질문은 점점 단순해지면서도 동시에 더 근본적으로 바뀌고 있다.

우리는 더 빠르게 만들 수 있는 기술을 손에 쥐었지만, 그 속도 속에서 '창작의 가치와 권리를 지킬 수 있는가'라는 물음 앞에 서 있다.

창작자의 감각 – 유연한 균형감

기술의 진보는 법의 속도를 앞지르며 법적 공백과 불확실성을 야기한다. 창작자에겐 경직된 규제를 넘어 기술과 윤리를 조율하는 유연한 설계 능력이 필수다. 혁신의 속도에 매몰되지 않고, 자신의 권리와 창작의 본질에 무게중심을 둘 때이다.

CHAPTER 12

협력

AI 시대 인공지능과 함께
춤추기

AI가 쓴 소설에 내 이름을 붙일 수 있을까? AI는 창작자의 도구인가, 아니면 공동저작자인가? 생성형 AI가 글과 그림, 음악과 영상을 일상적으로 만들어내는 시대, 저작권은 이제 '무엇을 창작이라 부르고, 누구를 저작자라 부를 것인가'라는 근본적인 질문에 직면했다. 미국은 인간의 창의적 개입을 그 어느 때보다 엄격하게 요구하고 있으며, 일본과 중국은 산업적 실익을 위해 보다 유연한 기준을 모색하고 있다. 한편 EU와 한국은 그 사이 어딘가에서 투명성과 보상의 기준선을 세우는 중이다. AI의 학습은 정보의 자유로운 흐름인 '공정 이용'인가, 아니면 창작자의 고귀한 노동을 무단으로 흡수하는 '약탈적 침해'인가. 전 세계는 지금 '전면 허용'과 '전면 금지'라는 극단 사이에서 선택권과 보상 구조라는 새로운 사회적 계약을 설계하고 있다.

그렇다면 우리는 AI와 어떻게 함께 만들 것인가? 이제 창작은 인간이 의도와 방향을 설정하고, AI가 그 가능성을 무한히 증폭시키며, 다시 인간이 최종적인 의미를 확정짓는 '공동의 순환 구조'로 재편되었다. 핵심은 'AI를 쓰느냐 마느냐'라는 문제가 아니다. AI와 춤을 추듯 유연하게 협력하면서도 창작자로서의 중심을 잃지 않는 지혜가 필요하다. 이 장에서는 변화된 환경 속에서 창작자가 주도권을 쥐고 AI와 공존할 수 있는 실전적인 해답을 찾아보고자 한다.

AI 창작물이 넘쳐나는 시대, 다시 누가 작가인가

·

AI 생성물이 일상의 창작 수단으로 확산한 오늘날, 저작권법은 근본적인 전환점에 서 있다. 'AI가 만든 창작물의 저작자는 누구인가?'라는 질문은 기술 규제의 문제를 넘어, 저작권법이 전제해온 '창작'의 개념과 권리 속 구조 자체를 다시 정의하도록 한다. 저작권법은 전통적으로 인간의 사상과 감정을 표현한 결과물을 보호해왔지만, 생성형 AI는 그 경계를 흐리게 만들고 있다. 이에 따라 각국은 각기 다른 법철학과 산업 구조를 반영하여 AI 생성물에 대한 저작권 기준을 형성해가고 있다.

미국 저작권청(USCO)은 2023년 <새벽의 자리야(Zarya of

the Dawn)> 사건에서, 미드저니(Midjourney)를 이용해 생성된 만화 이미지 자체는 인간의 창작성이 결여된 AI 산출물에 불과하므로 저작권 보호 대상이 아니라고 판단했다. 다만 대사 작성, 이미지의 선택과 배열, 패널 구성 등 인간이 개입한 요소에 대해서만 부분적인 저작권을 인정했다. 이는 저작권이 반드시 인간의 창의적 기여를 전제로 한다는 원칙을 재확인한 것이다.

이러한 입장은 사진술의 등장을 다룬 과거 판례나[19] 저작자를 '인간'으로 한정한 판결에서[20] '저작물(writings)' 개념을 해석할 때 저작자(author)란 아이디어를 고정적이고 유형적인 표현으로 옮긴 '인간(person)'을 의미한다고 규정한 미 헌법과 궤를 같이한다. 이 법리는 최근의 AI 관련 판결에서도 그대로 적용되고 있다. '탈러 대 펄뮤터' 사건(Thaler v. Perlmutter)에서 연방법원은 인간의 개입 없이 AI 시스템 DABUS가 독립적으로 생성한 이미지는 저작권 보호를 받을 수 없으며, AI는 저작자가 될 수 없다고 판결했다.[21] 미국의 입장은 요컨대 단순하다. AI는 어디까지나 창작을 보조하는 도구일 뿐이며, 인간의 창작적 개입이 없다면 저작권은 성립하지 않는다.

일본은 보다 유연하고 산업 친화적인 모델을 채택하고 있다. 2023년 가이드라인에 따르면, AI 학습 과정에서의 저작물 이용은 원칙적으로 저작권자의 허락 없이도 가능하다고 보았다. 다만 결과물이 기존 저작물과 실질적으로 유사하거나 동일한 경우에는 침해를 인정한다. 또한 AI가 생성한 콘텐츠라도 인간이 '명확한 창작 의도'를 가지고 선택·편집·배열한 경우에는 저작권을 인정할 수 있다는 입장을 취하고 있다. 일본은 '창작 과정에서의 인간 개입'과 '결과물의 독창성'을 중심으로 사안별(case-by-case) 판단을 강조하고 있으며, 이는 애니메이션, 게임, 웹툰, 음악, 라이트노벨 등 AI 활용도가 높은 일본 콘텐츠 산업의 현실과 긴밀히 연결되어 있다.

중국은 AI 생성물에 대해 가장 전향적인 태도를 보인다. 2023년 베이징 인터넷법원은 인간이 150개 이상의 프롬프트를 설계하고 반복 수정한 이미지에 대해 저작권 보호를 인정했다. 이를 단순 자동 생성이 아닌 인간의 지적 성과이자 개인적 표현으로 본 것이다. 현재 중국의 입장은 AI가 완전히 자동으로 생성한 결과물은 저작권을 인정하지 않되, 인간이 프롬프트 설계, 편집, 후처리 과정에 실질적으로 참여한 경우에는 조건부로 저작권을 인정하는 구조다. 이 역시 중국의 산업적 필요성이 강하게 반영된 결과이다.

유럽연합(EU)은 상대적으로 신중한 태도를 유지하고 있다. 2024년 실시된 AI와 저작권 관련 정책 설문 조사에서

다수의 회원국은 창작 과정에서 인간의 입력이 '상당한 경우'에만 AI 산출물이 보호될 수 있다는 입장을 공유했다. 대다수 회원국은 현행 저작권 제도로도 AI 산출물 문제를 충분히 다룰 수 있으며, 새로운 권리 유형을 도입할 필요성은 크지 않다고 보았다. 실제로 체코 공화국 법원은 AI 도구는 저작자가 될 수 없다고 명확히 판시한 바 있다.

그렇다면 우리나라의 경우는 어떨까? 대한민국 문화체육관광부와 한국저작권위원회가 발표한 『생성형 AI 저작권 안내서』에 따르면, 저작자는 오직 자연인만 가능하며, 인간의 창작적 기여가 인정되지 않는 AI 산출물은 저작권 등록이 불가능하다. AI 산출물에 대해 인간이 수정·증감·재구성 등 창의적인 추가 작업을 한 경우에는, 그 추가 작업 부분에 한해 저작물성이 인정될 수 있다. 또한 개별 AI 산출물 자체는 보호 대상이 되지 않더라도, 이를 선택·배열하여 창작성이 인정되는 경우에는 편집저작물로서 보호할 수 있다는 태도다. 아울러 교육계와 산업계에서는 AI 생성물의 출처 표시 의무와 학습 데이터 관리 책임에 대한 논의도 본격화되고 있다.

인간의 사상과 감정을 표현한다는 것

각국의 접근 방식에는 차이가 있으나 공통된 원칙 역시 분명하다. AI 자체는 저작권의 주체가 될 수 없으며, 핵심 기준은 언제나 인간의 창작적 개입이라는 것이다. 기술이 창작의 속도를 바꾸고 있지만, 저작권법이 보호하고자 하는 핵심은 여전히 인간의 사상과 감정이 표현된 창작 행위이다. 그러므로 AI 시대의 저작권 논의는 '얼마나 정교한 기술인가'가 아니라, '어디까지를 인간의 창작으로 볼 것인가'라는 질문으로 귀결된다.

AI가 글을 쓰고, 그림을 그리고, 음악과 영상을 만들어내는 시대에 우리는 다시 묻게 된다. '인간의 창작은 무엇으로 남는가?' 그리고 더 근본적으로는 '인간은 왜 여전히 창작의 주체인가?'라는 질문이다. 인간의 창작은 언제나 '존재의 확인'에서 출발한다. 사람은 창작을 통해 흔적을 남기고, 그 흔적을 통해 '나는 여기에 있다'는 감각을 얻는다. AI에게 창작은 연산이지만, 인간에게 창작은 경험이다. '내가 실제로 무언가를 만들어낼 수 있다'는 인간의 믿음은 반복적인 시도와 실패, 수정과 재도전을 통해 축적된다. 창작은 기술이기 이전에 신념의 문제이며, 이 신념은 인간에게만 형성된다.

이 개념의 이론적 토대는 앨버트 밴듀라(Albert Bandura)의 자기효능감(creative self-efficacy) 이론에 있다. 밴듀라는 사람들이 어떤 행동을 지속하는 이유는 능력 그 자체보다 '내가 해낼 수 있다'는 믿음에 달려 있다고 보았다. 이는 창작에서도 동일하게 작동한다. 인간은 불확실성과 두려움을 감내하면서도 창작을 계속한다. 반면에 AI는 실패를 두려워하지도, 성공을 통해 자신감을 얻지도 않는다. 오직 확률적으로 가장 적합한 출력을 선택할 뿐이다. 반면 인간은 불확실성과 두려움을 감내하며 창작을 계속한다. 인간의 창작은 항상 의미를 걸고 이루어지며, 성공과 실패를 통해 갱신된다. 그래서 창작은 자존감의 근육과 같다. 반복할수록 단단해지고, 멈추면 약해진다. AI에게는 이런 축적도 소모도 존재하지 않는다.

결국 인간이 AI와 다른 창작의 주체라는 점은 기술의 우위가 아니라 존재의 방식에서 나온다. 인간은 창작을 통해 자신을 증명하고, 실패를 해석하며, 의미를 축적한다. AI는 만들어내지만, 책임지지 않고, 경험하지 않으며, 변하지 않는다. 결국 저작권법이 인간을 중심에 둘 수밖에 없는 이유는, 인간만이 창작의 과정에서 책임을 지고, 경험하며, 변화하기 때문이다.

창작자의 감각 – 창의적 선택

AI는 연산으로 결과물을 생성할 뿐 창작의 고통이나 책임을 지지 않기에, 권리는 오직 존재를 걸고 창작하는 인간에게만 귀속된다. 결국 창작자의 감각이란 기술의 홍수 속에서도 무엇이 '나의 의도'이며 '나의 선택'인지를 끝까지 놓지 않는 주체성이다.

AI 학습용 데이터,

어디까지
허용할 것인가

·

AI 시대 저작권 논의의 핵심 쟁점은 'AI가 학습하는 과정 자체가 저작권 침해에 해당하는가'이다. 생성형 AI는 누군가가 시간과 노동, 감정과 사고가 담긴 데이터를 대규모로 수집·분석하며 학습한다. 이 과정이 권리자의 동의 없이 이루어진다면, 과연 이를 기술 발전의 부산물로 볼 것인지, 창작자의 권리를 침해하는 무단 이용으로 볼 것인지가 문제 된다. 이 지점에서 각국은 첨예하게 충돌하고 있다.

미국은 전통적으로 '공정 이용' 이론을 중심으로 AI 학습 문제를 다루고 있다. 기본적인 태도는 '학습 자체는 공정 이용에 해당할 수 있으나, 그 한계는 사안별로 판단된다'는 것이다. 최근 미국 법원은 오픈 AI를 상대로 한 세라 실버먼(Sarah Silverman) 등 작가들의 집단소송에서, AI가 도서를 학습하는 행위 그 자체를 곧바로 저작권 침해로 보기는 어렵다고 판단했다. 다만 법원은 "학습된 표현이 결과물에 재현될 경우, 그때는 침해가 성립할 수 있다"고 명확히 선을 그었다. 이는 '참고는 허용하지만 복제는 금지'라는 미국식 공정 이용 논리를 AI 영역에 적용한 것으로 평가된다.

이러한 경향은 최근 사건에서 더 구체화하였다. 2025년 '바르츠 대 앤트로픽' 사건(Bartz v. Anthropic)에서 법원은 AI 모델 클로드(Claude)의 도서 학습 행위 자체는 변형적 이용(transformative use)에 해당하고, 원저작물의 시장을 직접 대체하지 않는다는 이유로 공정 이용을 인정했다. 특히 법원은 LLM 학습이 독서나 감상의 목적이 아니라 통계적 패턴 분석이라는 전혀 다른 목적을 가진다는 점을 강조했다.[22]

그러나 법원은 동시에 중요한 한계를 분명히 했다. 앤트로픽의 공동 창업자가 불법 복제 사이트(Books3, LibGen, PiLiMi 등)에서 약 700만 권 이상의 도서를 무단 다운로드한 행위에 대해서는 공정 이용을 명확히 부정했다. 즉, 불법 복제본의 취득과 이를 중앙 디지털 라이브러리로 영구 보관한 행위는 공정 이용의 보호 범위를 벗어난다는 것이다. 미국 법원은 '어떤 방식으로 데이터를 취득했는가'를 공정 이용 판단의 핵심 요소로 삼고 있음을 분명히 했다.

반면에 델라웨어 연방지방법원은 톰슨 로이터(Thomson Reuters)가 로스 인텔리전스(Ross Intelligence)를 고발한 사건에서, AI 학습을 위한 저작물 이용이 공정 이용이 아니라고 판결했다. 이 사건의 쟁점은 공정 이용의 대상이 공공 이용이 가능한 '판결 원문'이 아니라, 미국 온라인 법률 정보 검색 서비스를 제공하고 있는 웨스트로(Westlaw) 사가 편집·제공한 '헤드노트(headnote)'와 '키넘버(key-number)' 시스템이었다는 점이다. 헤드노트란 판례집에서 판결 전에 기재되는 판결의 요점을 말하는데, 법원은 이 헤드노트가 단순한 요약이 아닌, 편집자의 독창성이 담긴 저작물이라고 보았으며, 로스 인텔리전스가 웨스트로와 직접 경쟁하는 구조에서 웨스트로의 독창적 저작물을 AI 학습에 쓴 것은 'AI의 학습 데이터 시장'을 침해할 위험이 크다고 판단했다.[23]

이 두 판결은 미국 공정 이용 법리가 'AI의 학습은 언제나 허용된다'는 일반 면책 규범이 아니라 변형성·취득 경로·시장 잠식 여부를 종합적으로 고려하는 극히 개별적인 판단 구조임을 명확히 보여준다.

유럽연합의 경우 이러한 미국 법원의 태도에 비해 훨씬 강경한 규제 중심의 접근을 취하고 있다. 2024년 채택된 'EU AI 법안'은 AI 학습 데이터 문제를 단순한 기술 문제로 보지 않고, 저작권 질서의 핵심 요소로 편입시켰다. 유럽연합은 AI 개발자에게 학습 데이터 출처 공개 의무를 부과하고, 저작권자가 자신의 저작물이 AI 학습에 이용되는 것을 거부(opt-out)할 권리를 명시적으로 보장했다. 또한 학습 데이터 사용에 대한 투명성 보고 의무를 통해, '어떤 데이터가 어떻게 사용되었는지'를 사후적으로라도 검증 가능하게 만들었다. 유럽연합의 기본 인식은 학습 데이터를 공공재로 보지 않고, 권리가 부착된 자산으로 본다는 점에 있다.

일본은 2018년 개정 저작권법을 통해 세계에서 가장 광범위한 TDM(텍스트·데이터 마이닝) 면책 규정을 도입한 국가 중 하나이다. 이 규정에서 "비영리 또는 기술적 목적의 AI 학습은 저작권자의 허락 없이 가능하다"고 명시해 한동안 일본은 AI 학습 천국으로 평가받았다. 그러나 NFT, AI 이미지 스타일 모방, 음성 복제 논란이 심화되면서 일본의 정책 방향도 변화하고 있다. 2024년 이후 일본 정부는 스타일 모방 문제, 상업적 AI 학습의 범위, 학습 데이터 투명성 확보를 포함한 가이드라인 개정을 추진 중이다. 현재 일본의 실무적 기준은 비영리·연구 목적 학습은 허용, 상업적 학습은 조건부 허용, 특정 작가의 스타일을 식별 가능하게 재현하는 경우에는 분쟁 가능성이 높다는 구조로 정리된다. 일본은 여전히 혁신을 중시하지만, 무제한적 면책 모델에서 점차 벗어나고 있다.

중국은 AI를 국가 전략 산업으로 육성하면서도 저작권 보호 체계를 병행 구축하고 있다. 2022년 중국 법원은 AI 생성 이미지 사건에서 "인간이 창작 방향을 설계하고 실질적으로 개입했다면 보호받을 수 있다"고 판시하며, AI 결과물의 저작권 가능성을 인정했다. 이어 2024년 규제 가이드라인에서는 AI 개발사에게 학습 데이터 목록 공개, 권리자 요청 시 데이터 삭제 및 보상 체계 마련을 요구했다. 중국은 AI 자유 이용 모델에서 점차 권리자 보상 모델로 이동하고 있다.

한국 역시 저작권법 제35조의5(일반적 공정 이용 조항)를 중심으로 논의가 한창 진행 중이다. 대법원은 2024년 공정 이용 여부를 판단할 때 변형성, 시장 영향, 제공 방식 등을 종합적으로 고려해야 한다는 기준을 제시했다.[24] 또 방송 3사(KBS·MBC·SBS)가 네이버를 상대로 제기한 AI 학습 관련 소송도 진행 중인데, 이 사건에서 법원은 국내 최초로 AI 학습과 저작권 침해 문제를 본격 판단할 것으로 보인다.

각국의 판례와 정책을 종합하면 하나의 공통점이 드러난다. AI 학습을 전면 금지하거나 무제한 허용하는 국가는 없다. 다만 논의의 중심은 '학습이 가능한가'가 아니라 '어떤 조건에서, 누구의 책임 아래, 어떤 보상 구조로 허용할 것인가'로 이동하고 있다. 투명성, 선택권, 보상이 AI 학습 데이터 공정 이용 논쟁의 새로운 키워드다.

AI는 기술이지만 학습 데이터는 인간의 창작물이다. 이 둘의 관계를 조정하는 것은 AI 시대에 인간의 권리를 어떻게 존중할 것인가 하는 윤리적 선택의 문제이기도 하다. 지금 전 세계는 그 답을 판례와 제도로 하나씩 만들어가는 중이다.

창작자의 감각 – 공존

창작자는 자신의 노력이 AI의 통계 데이터로 매몰되지 않도록 권리를 적극적으로 요구해야 하며, 법은 기술이 혁신의 브레이크가 아닌 창작자를 보호하는 안전벨트로 기능하게끔 조정해야 한다.

공동 창작의
새 모델

'인간+AI 코-크리에이션'

·

공동 창작의 모델을 논의할 때, 우리는 먼저 오래된 전제를 하나 버려야 한다. '창작은 인간이 하고, 도구는 돕는다'는 구도는 여전히 유효하지만, 생성형 AI가 들어온 순간부터 창작의 현장은 분업이 아니라 공동 창작(co-creation)으로 바뀌었다. 이제 창작은 한 사람이 처음부터 끝까지 완성하는 직선형 공정이 아니라 인간의 의도와 판단이 개입하고, AI가 가능성을 증폭시키며, 다시 인간이 의미를 확정하는 순환형 구조가 된다. 그래서 '공동 창작'의 새 모델을 제대로 이해하려면, 앞서 2장에서 살펴봤던 '저작자와 조수'의 차이를 분명히 해야 한다.

저작자는 자신의 사상과 감정을 독창적 표현으로 구현한 사람이다. 작품 안에는 선택과 포기의 흔적, 문장의 호흡, 장면의 밀도 같은 표현의 결정이 남는다. 따라서 저작자에게는 창작자라는 존재가 지워지지 않도록 인격권이 결합된다. 반면에 조수는 자료조사, 기술적 정리, 번역 초안 작성 등 보조적 역할에 머문다. 기여의 양이 아니라 '표현을 결정했는가'가 저작자를 가르는 핵심이다.

이 구도는 공동저작(joint work)에서도 그대로 작동한다. 공동저작이 인정되려면 첫째 공동 창작 의사(advanced mutual intent)가 있어야 하고, 둘째 각자의 창작적 기여가 표현에 반영되어야 하며, 셋째 그 기여들이 분리되지 않는 하나의 완성물로 결합되어야 한다. 바로 이 기준이 '협업'과 '공동저작'을 가르는 선이다.

미국의 유명한 사례가 뮤지컬 <렌트> 관련 분쟁이다. 드라마터그 린 톰슨은 자신이 대본과 구조에 상당한 영향을 주었으니 공동저작자라고 주장했지만, 법원은 이를 받아들이지 않았다.[25] 이 사건에서 법원이 본 핵심은 '도왔는가'가 아니라 '함께 소유하기로 했는가'였다. 저작자 조너선 라슨에게 공동 소유 의사가 있었다고 보기 어렵고, 톰슨의 기여는 편집·자문 수준으로 평가된다는 이유였다.

마찬가지로 영화 제작 과정에서 실질적 수정과 검토에

참여했음에도 공동저작자로 인정받지 못한 사건을[26] 종합해 살펴보면, '많이 기여했으니 공동저작자'가 아니라, 처음부터 함께 만들기로 합의했는지(공동 창작 의사), 그리고 표현을 함께 결정했는지가 기준이 된다고 볼 수 있다.

인간+AI 공동 창작의 5단계 구조

이제 이 구조를 인간+AI 협업으로 가져와보자. 많은 사람이 여기서 혼란을 겪는다. 'AI가 그림을 그렸는데, 그럼 AI도 공동저작자인가?' 그러나 법적·개념적으로 중요한 질문은 그게 아니다. AI는 인격권을 가질 수 있는 존재도, 저작권의 주체로서 의사를 형성하는 존재도 아니다. 따라서 공동저작의 틀을 그대로 '인간+AI'에 대입하면 오히려 문제를 흐린다. 더 정확한 질문은 이것이다. '인간은 AI와 함께 무엇을 선택했고, 무엇을 결정했는가?' 창작의 주체성은 '생성'이 아니라 결정에서 발생한다.

공동 창작의 새 모델은 대체로 다음의 5단계로 설명할 수 있다.

1단계: 인간이 의도와 목표를 설계한다. 무엇을 만들 것인지, 누구에게 어떤 감정을 전달할 것인지, 어떤 세계관과 규칙으로 작품을 움직일 것인지가 정해진다.

2단계: 인간이 프롬프트를 통해 AI에게 탐색을 시킨다. 여기서 프롬프트는 단순 지시문일 수도 있지만, 좋은 프롬프트는 작품의 톤, 리듬, 광원, 질감 같은 요소들을 구체적 조건으로 바꾸어 넣는다.

3단계: AI가 조건에 맞는 후보들을 생성한다.

4단계: 인간이 그 후보를 선택하고, 필요하다면 결합·배열·삭제·수정한다.

5단계: 인간이 최종본의 의미와 구조를 확정한다. 이 단계에서 인간은 '이 문장은 버리고 이 표정은 바꾸자'라고 결정하며 작품의 윤곽을 완성한다. 창작의 핵심은 이 선택과 편집, 재구성의 연쇄다.

실무 현장에서도 이러한 공동 창작 모델은 이미 활발히 작동하고 있다. 게임 <사이버펑크 2077>에서 사망한 성우의 음성을 AI로 복원한 것은 인간의 기존 연기를 보존하고 확장하는 도구로 사용된 경우에 해당한다. 이 과정에서의 주체성은 무엇을 어떻게 복원하고 어떤 톤으로 마감할지 결정한 제작진의 선택에 놓여 있다. 동시에 이 사례는 권리와 윤리의 질문도 함께 제기한다. '동의는 어떻게 받는가',

'크레디트는 어떻게 표기하는가', 그리고 '성우의 동일성은 어떻게 보호하는가' 같은 쟁점은 공동 창작의 시대에 필수적으로 따라오는 책임의 목록이다.

디지털 예술가 레픽 아나돌(Refik Anadol)의 작업 역시 AI가 이미지를 생성하지만, 작품의 정체성은 데이터 선정, 훈련 설계, 큐레이션이라는 인간의 결정들로 형성된다. AI는 물감을 빠르게 섞는 기계와 같으며, 어떤 색을 어떤 조도로 놓을지 결정하는 주체는 결국 인간이다. 공연 예술 분야에서도 AI가 던진 안무의 후보를 무용수가 신체 언어로 번역하고 의미를 부여하는 과정이 있어야 비로소 하나의 작품이 된다.

의미를 결정하는 '가치의 편집자'

과거의 창작자는 '만드는 사람'이었다면, AI 시대의 창작자는 '의미를 결정하는 사람', '버전을 관리하는 사람', '감정선을 편집하는 사람'으로 확장된다. AI가 200개의 멜로디를 만들 수 있어도, 사람의 가슴에 남을 단 하나를 고르는 행위는 인간의 경험과 기억, 시대 감각과 윤리적 판단이 필요한 작업이다. 그래서 창작의 본질은 오히려 더 선명해진다. AI는 조합과 분석과 확장을 잘하지만, '이 중 무엇이 아름다운가?', '이 표현은 지금 시대에 필요한가?'와 같은 질문에는 스스로 답하지 못한다. 그러므로 공동 창조 모델에서 인간은 도구를 쓰는 기술자가 아니라, 가치와 의미의 최종 편집자가 된다.

그렇다면 법·제도는 이 협업을 어떻게 담아야 할까. 첫째, '공동저작'이라는 전통적 틀을 그대로 AI에 적용하기보다, 인간 창작자의 핵심 표현 결정권이 어디에서 발생하는지 기준을 정교하게 세울 필요가 있다. '프롬프트 설계→반복 생성→선택·배열→수정·재구성→최종 의미 확정'이라는 연쇄가 충분히 드러난다면, 그 결과물은 인간의 창작으로 설명될 수 있다.

둘째, 크레디트와 책임의 체계를 새로 짜야 한다. AI를 썼다는 사실을 '숨기는 것'이 아니라 어떤 단계에서 어떻게 사용했는지를 투명하게 남겨야 분쟁이 줄고, 협업의 신뢰가 생긴다.

셋째, 데이터와 라이선스의 문법이 필요하다. 타인의 창작물을 활용한다는 것은 허락·조건·책임으로 구성된 질서다. 공동 창조가 늘어날수록, 학습 데이터와 입력 데이터의 출처, 모델의 사용 조건, 결과물의 상업 이용 범위, 권리자 보상 방식 같은 계약적 장치가 창작의 기본 인프라가 된다.

결국 AI는 작품을 만드는 손이 아니라 가능성을 펼쳐 보이는 도구이며, 작품을 작품으로 확정하는 것은 여전히 인간의 선택과 판단이다. 'AI가 창작자인가?'가 아니라, '이 표현은 누구의 의도였는가?'를 설명할 수 있고, 그 선택의 책임을 질 수 있는 존재가 저작자다. AI 시대의 공동 창작은 결국 인간을 밀어내는 것이 아니다. 인간이 창작자로서 수행해온 가장 본질적인 역할은 의미를 결정하고 세계를 해석하는 능력이다.

창작자의 감각 - 가치의 편집자

창작자의 감각은 AI가 생성한 방대한 후보군 속에서 인간의 고유한 경험과 사유를 바탕으로 가치 있는 단 하나를 골라내는 선택의 힘이다. 그러므로 미래의 창작자는 단순히 무언가를 만드는 기술자가 아니라, 기술이 생성한 결과물에 최종적인 의미를 부여하고 책임을 지는 '가치의 편집자'로 정의된다.

실패의 과정 위에 피어난
창작 본능

·

돌이켜보면 나의 이력서는 성공보다는 실패와 과정으로 더 빽빽하다.

2021년 첫 개인전 <춤, 선, 선율>을 시작으로 아홉 번의 미술 개인전을 열었고, 우즈베키스탄 국립미술관, 튀르키예 앙카라 한국문화원, 도쿄도 미술관 <젠(Zen)> 저시까지 무대는 점점 넓어졌다. 서울서화대전 삼체장과 대한민국 서예전람회에 입선하는 짜릿한 결과도 있었다. 노래를 배우고 작사와 작곡을 하며 음원을 발표하고 뮤직비디오를 제작하기도 했다.

겉으로 보기에 이 기록들은 하나의 계단처럼 보일지 모

른다. 그러나 그 계단 사이사이에는 이름 없는 빈칸이 무수히 있었다. 기록되지 않은 많은 탈락과 무응답의 시간들이다. 뮤지컬 <빌리 엘리어트> 오디션에서 2차까지 올랐지만 끝내 뒤돌아서야 했던 순간, 넷플릭스 <수리남> 출연 제안이 직전에 무너졌던 경험, 수차례 카메라 테스트를 보고도 연락을 받지 못한 날도 많았다. 오디션과 영화제 출품, 시나리오와 연극, 웹소설과 미술 공모전에 원서를 쓰고 프로필을 돌리고 결과 발표를 기다리던 시간은 길었지만, 합격 소식은 늘 드물었다.

어떤 이들은 묻는다. 한 길을 깊이 파도 모자랄 텐데 왜 스스로를 분산시키느냐고 비판하기도 한다. 그러나 나는 오히려 그 다양한 과정 속에서 학문과 인생 모두에 깊이를 더할 수 있었다고 믿는다. 법은 인간의 삶을 다루는 학문이다. 인간의 감정, 갈등, 욕망, 두려움을 이해하지 못하면 조문은 공허한 문장이 되고 만다. 무대 위에서 타인의 삶을 연기해보고, 예술 작업을 통해 감정을 직면해본 경험은 판례를 읽는 눈을 달라지게 한다.

이 모든 경험은 흩어지지 않았다. 카메라 앞에서 떨던 목소리는 강의실에서 학생들과 마주할 때 더 깊은 호흡을 가능하게 했다. 공모전 탈락은 문장을 다시 고쳐 쓰게 했고, 전시 선정에서 제외된 경험은 화면 구성을 더욱 치열하게 고민하게 했다. 예술은 한 번에 완성되지 않는다. 인정받고 싶어 시작했지만, 어느 순간부터는 배우는 과정 자체가 목적이 되었다. 그 반복이 나를 창작자로, 그리고 더 넓게는 더 단단한 인간으로 남게 했다.

지금 우리는 또 다른 전환점 앞에 서 있다. 인공지능은 글을 쓰고 음악을 만들고 그림을 그리고 영상을 편집한다. 기존의 창작 개념은 흔들리고, 법과 제도 역시 새로운 기준을 고민한다. 창작 본능은 무엇일까? 내가 찾은 답은 '실패를 통한 성찰'이다. AI는 계산상의 오류는 있을지언정, 오디션장에서 이름이 불리지 않는 허탈함이나 탈락 메일을 읽고 난 뒤의 침묵을 겪지 않는다. 그러나 바로 그 체감의 무게가 다음 작업의 깊이를 만든다.

그래서 나는 AI와 경쟁하기보다 함께 가고 싶다. AI는 새로운 도구이자 언어다. 그러나 무엇을 선택하고 무엇에 의미를 부여할지 결정하는 것은 여전히 인간이다. 수많은 탈락과 낙선의 고배를 마시며 나는 완벽해지기보다 나 자신을 성찰하는 법을 배웠다. 그리고 그 성찰은 학문과 예술, 삶 전체를 관통하는 힘이 되었다.

이 변화 속에서도 '인간이 왜 창작하는가'라는 근원적 질문의 답은 여전히 유효하다. 창작은 효율을 넘어선 인간의 본능이자 성취의 경험이며, 세상을 관찰하고 소통하는 존재 증명의 방식이다. AI가 아무리 정교해도 창작의 고통과 의미 부여는 오직 인간의 몫이다.

진정한 창작자인 인간의 존엄은 무엇을 말하고 싶은지, 왜 이 이야기를 해야 하는지, 이 표현이 나에게 어떤 의미인지를 질문하는 능력에 있다. AI는 무한한 가능성을 제시할 수 있지만, 무엇을 선택할지는 여전히 인간의 몫이다. 우리는 이제 AI와 경쟁하는 대신 AI와 함께 춤추는 존재가 되어야 한다.

AI는 새로운 악기이자 새로운 언어다. 그 언어로 무엇을 말할 것인지는 결국 우리의 상상력과 경험에 달려 있다. 저작권의 역사는 우리에게 한 가지를 분명히 가르쳐준다. 법과 제도는 언제나 기술보다 한 걸음 뒤에 서 있지만, 창작의 의미는 늘 인간의 손안에 남아 있다.

AI라는 새로운 파트너가 생긴 시대의 창작이 더 많은 사

람에게 더 깊은 즐거움과 의미를 가져다주기를 바란다. 독
자 여러분이 자신만의 목소리와 표현을 발견하기를 진심으
로 바란다.

AI 시대 창작자를 위한 카피라이트 Q&A

Q 지브리 특유의 화풍을 똑같이 흉내 내는 AI, 스타일 도
용으로 처벌할 수 있을까?

A 단순히 '스타일이 비슷하다'는 이유만으로 법적 처벌을
하기는 어렵다. 저작권법은 아이디어가 아니라 구체적
인 표현을 보호하기 때문이다. 화풍이나 색감, 분위기,
기법과 같은 요소는 추상적 영역에 속해 원칙적으로 보
호 대상이 아니다. 그러나 AI가 생성한 결과물이 특정 작
품과 구도, 인물 배치, 세부 표현까지 실질적으로 유사하
다면 저작권 침해가 문제 될 수 있다. 또한 '공식 지브리
스타일'처럼 작가와의 관련성을 오인하게 하여 상업적

으로 이용한다면 부정경쟁방지법 위반 가능성도 있다. 결국 화풍 모방만으로 곧바로 처벌하기는 어렵지만, AI 가 작가의 작품을 무단으로 수집·학습했다면 그 과정 자체의 적법성은 문제 될 수 있다.

Q 왜 내 사진과 목소리가 AI 학습 데이터로 쓰이는 것에 민감하게 반응해야 할까?

A 얼굴과 목소리는 가장 강력한 신원 식별 수단이다. 이름이 없어도 얼굴과 음성만으로 한 사람을 특정할 수 있다. 이러한 요소가 무단으로 수집·학습된다면, 이는 단순한 데이터 이용을 넘어 인격권의 침해 가능성이 있다. 특히 AI는 학습된 데이터를 기반으로 실제와 매우 유사한 이미지와 음성을 만들어낸다. 이 과정에서 발생할 수 있는 큰 위험 중 하나는 신원 도용이다. 몇 장의 사진과 짧은 음성만으로도 당사자와 구별하기 어려운 결과물을 생성할 수 있고, 이는 사칭, 허위 발언, 금융 사기, 명예 훼손 등 심각한 2차 피해로 연결될 수 있다. 또한 이는 자기결정권의 문제이기도 하다. 내 얼굴과 목소리가 어디에서, 어떤 맥락으로, 어떤 목적 아래 사용되는지 스스로 결정할 권리는 인격권의 핵심 요소다. 그러나 AI 학습은 한번 이루어지면 완전한 회수가 어렵고, 활용 범위 역시 예

측하기 힘들다. 오늘은 연구 목적이라 하더라도, 내일은 상업적 서비스나 오락 콘텐츠로 확장될 수 있다.

Q 아이들의 사진을 SNS에 공개하는 평범한 일상이 AI 시대에는 왜 범죄의 표적이 될까?

A 사진이 더 이상 '기억'에 머무르지 않고, 데이터로 수집·분석·재가공될 수 있다. 첫째, 얼굴 인식 기술의 발전이다. 공개된 사진은 자동으로 수집되어 데이터베이스에 저장될 수 있고, 다른 이미지와 결합되면서 아이의 신원이 특정될 가능성이 커진다. 학교, 위치 정보, 부모의 계정 정보 등을 종합하면 개인 식별이 가능해진다. 이는 아동 대상 범죄자가 접근 대상을 탐색하는 데 악용될 수 있다. 둘째, 딥페이크와 이미지 합성 기술의 문제다. 아이의 얼굴이 다른 영상이나 사진에 합성되어 왜곡된 콘텐츠로 재탄생할 수 있다. 이는 명백한 신원 도용이자 인격권 침해이며, 심각한 경우 아동 성 착취물로 악용될 위험도 배제할 수 없다. 셋째, 데이터의 장기 축적 문제다. 아이의 성장 과정이 지속적으로 온라인에 기록되면, 그 정보는 성인이 된 이후까지 따라다닐 수 있다. 본인의 동의 없이 형성된 '디지털 이력'이 미래의 평판, 인간관계, 사회적 평가에 영향을 줄 가능성도 있다. 이는 아동의 자기

결정권과 인격 형성의 자유를 침해하는 문제로 이어진
다. 디지털 공간에서 아이의 얼굴은 단순한 사진이 아니
라, 보호되어야 할 하나의 인격이라는 사실을 잊지 않는
태도가 무엇보다 중요하다.

Q 내 작품이 무단 학습되지 않도록 창작자가 취할 수 있는
기술적·법적 조치는 무엇일까?

A 창작자가 자신의 작품이 무단으로 학습되지 않도록 하
려면 기술적 조치와 법적 대응을 함께 마련해야 한다. 우
선 이미지 파일에 저작권 표시와 메타데이터를 삽입하
고, 홈페이지나 게시 플랫폼에 "AI 학습 및 데이터 마이
닝을 금지한다"는 고지를 명확히 밝히는 것이 필요하다.
'robots.txt' 설정 등을 통해 크롤러의 접근을 제한하고,
SNS에는 원본 대신 저해상도 이미지나 워터마크가 포
함된 파일만 공개하는 방법도 활용할 수 있다. 최근에는
'글레이즈(Glaze)'와 같은 도구를 이용해 AI가 화풍을 정
확히 학습하지 못하도록 노이즈를 삽입하는 기술도 등
장했다. 또한 저작권 등록을 해두면 침해 발생 시 권리
입증이 훨씬 수월해진다. 나아가 작가 단체와 협력해 집
단적으로 대응하거나 공동 라이선스 체계를 모색하는
것도 현실적인 전략이다.

Q AI가 만든 영화나 소설의 저작권은 누구의 것일까? AI
   저작자가 존재할 수 있을까?

A 저작권의 주체는 인간이어야 한다. 저작권법은 창작적
   표현을 보호하지만, 그 전제는 인간의 사상과 감정의 표
   현이다. 따라서 AI가 자율적으로 생성한 결과물은 인간
   의 창작적 개입이 없다면 원칙적으로 저작권 보호를 받
   기 어렵다. 실제로 미국과 한국을 비롯한 여러 나라에서
   "비인간은 저작자가 될 수 없다"는 입장을 취하고 있다.
   AI는 법적 인격이 없기 때문에 권리를 귀속받을 수 없
   다. 그렇다면 AI로 만든 영화나 소설은 모두 보호받지 못
   할까? 반드시 그렇지는 않다. 인간이 기획하고, 프롬프
   트를 설계하며, 결과물을 선택·편집·수정하는 등 창작
   적 개입을 했다면 그 창작적 기여 부분에 대해 저작권이
   인정될 가능성이 있다. 이 경우 저작자는 AI가 아니라,
   실질적으로 창작 과정에 관여한 인간이 된다. 다만 어디
   까지를 '창작적 개입'으로 볼 것인지는 앞으로 계속 논
   쟁이 될 지점이다. 즉, 현행 법체계 안에서 AI 저작자라
   는 개념은 아직 인정되지 않는다.

Q AI가 만든 초안을 내가 리터칭하거나 수정했다면, 그때
   부터는 내 저작권이 인정될까?

A 수정의 '정도'에 달려 있다. 저작권은 인간의 창작적 표현을 보호하기 때문에, AI가 자동으로 생성한 결과물 자체는 원칙적으로 저작권 보호 대상이 되기 어렵다. 그러나 그 결과물을 사람이 선택하고, 배열을 바꾸고, 내용을 실질적으로 수정하거나 새롭게 구성했다면 저작권이 인정될 수 있다. 단순히 오탈자를 고치거나 색감을 조금 보정하는 수준이라면 창작적 기여로 보기 어렵다. 하지만 구조를 전면적으로 재구성하거나 문장과 장면을 새로 쓰고, 표현 방식에 독창적인 개입을 했다면 그 수정된 부분에 대해서는 저작권이 인정될 가능성이 높다. 이 경우 보호되는 것은 AI가 만든 초안이 아니라, 인간이 창작적으로 기여한 부분에 한정된다. 핵심은 인간의 개입이 결과물의 표현 형성에 실질적인 영향을 미쳤는지 여부다. AI는 초안을 제공할 수 있지만, 의미를 선택하고 방향을 결정하며 책임을 지는 주체는 인간이다.

Q AI 결과물에 저작권이 없다면, 다른 사람의 AI 작품을 내가 마음대로 가져다 써도 될까?

A 저작권이 없다면 자유롭게 이용할 수 있을 것처럼 보이지만, 실제 법적 판단은 훨씬 복잡하다. 우선 모든 AI 결과물이 저작권 보호를 받지 않는 것은 아니다. 생성 과

정에서 인간이 표현을 선택·편집·수정하는 등 창작적으
로 개입했다면, 그 기여 부분에는 저작권이 인정될 수 있
다. 따라서 단순히 'AI 작품'이라는 이유만으로 자유 이
용이 허용된다고 단정할 수 없다. 또한 저작권이 없더라
도 다른 권리가 문제 될 수 있다. 작품에 특정 인물의 얼
굴이나 음성이 포함되어 있다면 초상권이나 퍼블리시티
권 침해가 발생할 수 있다. 특히 유명인의 이름·이미지·
목소리를 상업적으로 이용할 경우 퍼블리시티권 침해로
손해배상 책임이 인정될 가능성이 크다. 더 나아가 타인
의 성과나 명성을 무단으로 이용해 경제적 이익을 얻는
경우에는 부정경쟁방지법 위반이 문제 될 수도 있다. 예
컨대 특정 작가나 창작자의 명성을 연상시키는 방식으
로 상업적 이익을 취한다면 법적 분쟁으로 이어질 수 있
다. 플랫폼 이용약관에서 2차 이용이나 재배포를 금지하
고 있다면 계약 위반 책임이 발생할 수 있다. 결국 '저작
권이 없다'는 사실이 곧 '마음대로 써도 된다'는 의미는
아니다. 저작권, 초상권, 퍼블리시티권, 부정경쟁방지법,
계약 관계까지 종합적으로 고려해야 한다. AI 시대에도
창작물의 이용에는 여전히 법적 책임이 따른다.

Q 내가 공들여 쓴 '프롬프트(명령어)' 자체도 저작물로 보

호받을 수 있을까?

A 가능성은 있지만, 항상 인정되는 것은 아니다. 핵심은 그 프롬프트에 창작적인 표현이 담겨 있는지 여부다. 저작권은 인간의 사상이나 감정이 표현된 창작물을 보호한다. 따라서 프롬프트가 단순한 기능적 지시문, 예를 들어 "노을이 지는 바다를 그려줘"와 같은 짧고 일반적인 문장이라면 보호받기 어렵다. 이는 아이디어나 명령에 가까워 창작적 표현으로 보기 힘들기 때문이다. "중세 판타지 스타일로 용을 그려줘"라는 표현도 마찬가지다. 콘셉트 제시에 불과하다면 저작권이 인정되기 힘들다. 반면 다음과 같은 경우는 다르게 평가될 수 있다. "비가 그친 새벽의 항구 도시. 17세 소년은 녹슨 나침반을 움켜쥔 채 떠난 아버지를 기다리고 있다. 안개 사이로 희미하게 들려오는 뱃고동 소리, 젖은 돌바닥에 반사된 가스등의 빛, 그리고 소년의 불안과 희망이 교차하는 표정을 섬세하게 묘사해달라." 이처럼 구체적인 배경 설정, 인물의 감정선, 분위기와 장면 구성까지 서술되어 있다면 이는 단순 명령어를 넘어 하나의 창작적 텍스트로 볼 수 있다. 이 경우 프롬프트 자체는 어문저작물로 보호될 가능성이 있다. 다만 보호되는 것은 그 '표현 방식'이지, '항구 도시에서 아버지를 기다리는 소년 이야기'라는 아이

디어 자체는 아니다. 결국 프롬프트도 단순한 지시문인지, 창작적 개성이 드러난 서사적 텍스트인지에 따라 법적 보호 여부가 달라진다.

Q AI가 그린 그림을 참고해 트레이싱 등의 방법으로 새로 그려서 판매하는 것은 법적으로 안전할까?

A 구체적인 상황에 따라 달라진다. 단순히 'AI 작품이니까 자유롭게 써도 된다'는 생각은 위험할 수 있다. 예를 들어, 한 사용자가 AI로 생성한 캐릭터 이미지를 공개했고, 그 이미지에는 독특한 갑옷 디자인과 특정한 문양, 독창적인 포즈와 구도가 포함되어 있었다고 가정해보자. 만약 이를 그대로 트레이싱(tracing)해 선만 다시 따고 색을 바꿔 판매한다면, 설령 원본이 AI 생성물이라 하더라도 저작권 침해가 문제 될 수 있다. 특히 원본을 만든 사람이 프롬프트를 정교하게 설계하고 여러 이미지를 선택·편집해 완성도를 높였다면, 그 창작적 기여 부분은 보호 대상이 될 가능성이 있다. 또 다른 사례를 보자. AI가 유명 화가의 화풍과 매우 유사한 이미지를 생성했고, 이를 참고해 거의 같은 구도와 인물 배치를 유지한 채 다시 그려 판매했다면, 문제는 AI 이미지가 아니라 그 배경에 있는 원저작자일 수 있다. 결과적으로 기존 작품과 실질적

으로 유사하다면 저작권 침해 책임이 발생할 수 있다. 반대로, AI 이미지에서 단순히 '사막을 배경으로 한 여성 전사'라는 아이디어만 차용하고, 의상 디자인·구도·색채·표정 등을 전혀 새롭게 구성해 독자적인 작품을 완성했다면 법적 위험은 상대적으로 낮다. 법은 아이디어 자체가 아니라 구체적인 표현을 보호하기 때문이다. 특히 트레이싱처럼 원본의 형태를 그대로 따오는 방식이라면 상업적 이용 시 분쟁 가능성이 상당히 높아진다. AI 작품이라 하더라도, 판매 전에는 유사성과 권리관계를 신중히 검토하는 것이 필요하다.

Q AI를 써서 만든 작품이 알고 보니 기존 작가의 작품과 흡사하다면, 책임은 누구에게 있을까?

A 현재 법체계는 AI가 아니라 인간이 책임의 주체가 된다. AI는 법적 인격이 없기 때문에 손해배상이나 침해 책임을 질 수 없다. 예를 들어, 한 디자이너가 "유명 웹툰 작가 A의 화풍으로 고등학생 주인공을 그려줘"라고 입력했고, 생성된 이미지가 A 작가의 특정 작품과 구도·캐릭터 디자인·표정 연출까지 유사했다고 가정해보자. 이를 굿즈로 제작해 판매했다면, 책임은 해당 이미지를 선택하고 상업적으로 이용한 디자이너에게 돌아갈 가능성이

크다. 특히 특정 작가를 직접 지목했다면 고의 또는 과실이 인정될 여지도 높다. 또 다른 사례로, 사용자가 별다른 의도 없이 풍경 이미지를 생성했는데, 결과물이 이미 존재하는 사진작가의 작품과 거의 동일한 구도로 나타났다고 해보자. 사용자가 이를 모르고 개인 블로그에 비상업적으로 게시했다면, 책임 판단에서는 고의·과실 여부와 이용 범위가 중요한 요소가 된다. 침해가 성립할 수는 있지만, 손해배상 범위는 달라질 수 있다. 한편 개발사의 책임도 완전히 배제되지는 않는다. 예컨대 특정 작가의 작품을 무단으로 대량 학습시키고, 그 작가의 스타일을 그대로 재현하도록 마케팅했다면 공동불법행위 책임이 문제 될 수 있다. 판단 기준은 결과물이 기존 작품과 '실질적으로 유사한가', 그리고 '그 유사성을 인간이 어느 정도 예견하거나 통제할 수 있었는가'이다. AI는 도구일 뿐이며, 결과물을 선택하고 유통한 주체는 인간이다. 현행 법체계에서는 그 인간이 최종적인 책임을 지는 구조다.

Q 고인(故人)이 된 가수의 목소리를 AI로 복원하거나 특정 가수 스타일의 AI 곡을 수익화해도 될까?

A 고인이 된 가수의 목소리를 AI로 복원하거나, 특정 가수

스타일의 AI 곡을 만들어 수익화하는 것은 법적으로 매우 민감한 문제다. 핵심 쟁점은 퍼블리시티권, 저작권 및 저작인접권, 부정경쟁방지법이다. 미들러 대 포드(Midler v. Ford Motor Co., 1988) 사건에서, 광고회사가 가수 베트 미들러(Bette Midler)의 노래를 쓰지 못하자 그녀와 "비슷한 목소리"의 가수를 섭외해 광고에 사용했다. 법원은 "목소리는 개인을 식별하는 중요한 특징"이라며 퍼블리시티권 침해를 인정했다. 실제 음원을 쓰지 않았더라도, '그 사람의 목소리처럼 들리게 한 것' 자체가 문제라는 취지였다. 이는 AI 음성 복제 문제와 직접적으로 연결된다. 또한 화이트 대 삼성(White v. Samsung, 1992) 사건에서는 배우 바나 화이트(Vanna White)를 직접 쓰지 않았지만, 그녀를 연상시키는 로봇 이미지를 광고에 활용한 것이 퍼블리시티권 침해로 인정되었다. 이는 특정 인물을 명시하지 않아도, 소비자가 그 인물을 떠올리게 하는 방식의 상업적 이용이 법적 책임을 초래할 수 있다. 국내에서도 초상·성명 등의 상업적 이용을 폭넓게 보호하는 판례들이 축적되어 있고, 최근에는 인격 표지의 경제적 가치에 대한 보호 필요성이 강조되고 있다. 특히 유명인의 이름·초상·음성을 무단으로 이용해 수익을 얻는 경우 손해배상 책임이 인정되는 흐름이다. 고인의 경우에는 국가별로 차이가 있지만, 미국 일부 주(예: 캘리포니아)는 사후 퍼블리시티권을 최대 70년까지 인정한다. 따라서 고인의 음성을 AI로 복원해 신곡을 발표하고 이를 상업적으로 판매한다면, 유족이나 권리승계인의 동의가 필요할 가능성이 크다. 또한 기존 음원을 학습하거나 멜로디·가사를 유사하게 재현했다면 저작권 및 저작인접권 침해가 문제 된다. 음반제작자와 실연자의 권리도 별도로 보호되기 때문이다. 특히 소비자가 실제 가수가 부른 곡으로 오인할 가능성이 있다면, 퍼블리시티권 침해나 부정경쟁방지법 위반 책임이 인정될 위험이 높다.

Q 공모전 출전이나 외주 계약 시 'AI 사용 여부'를 속였다가 들통나면 어떤 법적 처벌을 받나?

A 단순한 규정 위반을 넘어 법적 문제로 이어질 수 있다. 핵심은 상대방이 AI 미사용을 전제로 평가하거나 계약을 체결했다는 점이다. 예를 들어, 한 디자인 공모전에서 모집 요강에 "AI 생성물은 제출할 수 없다"는 조항이 있었는데, 참가자가 AI 이미지 생성 프로그램으로 만든 작품을 일부 수정해 제출하고 수상했다고 가정해보자. 이후 AI 사용 사실이 밝혀지면 수상 취소와 상금 반환은 물론, 주최 측이 기망에 의한 상금 수령이라고 판단할 경우

사기죄가 문제 될 가능성도 있다. 외주 계약에서도 상황은 비슷하다. 예컨대 출판사가 "작가가 직접 창작한 원고"를 조건으로 계약을 체결했는데, 작가가 대부분을 AI로 생성하고 이를 밝히지 않았다면 이는 계약 위반(채무 불이행)에 해당할 수 있다. 발주처는 계약을 해지하고 원고료 지급을 거절하거나 이미 지급한 대금을 반환 청구할 수 있다. 더 나아가 결과물이 저작권 보호를 받기 어렵다면, 발주처가 기대한 권리 이전이 성립하지 않아 손해배상 청구로 이어질 가능성도 있다. 형사처벌까지 이어지려면 고의로 속여 재산상 이익을 취득했다는 점이 입증되어야 한다. 단순히 AI를 일부 참고한 정도라면 민사 문제에 그칠 수 있지만, 명시적 금지 조항이 있었고 이를 의도적으로 숨겨 상금이나 대가를 받았다면 사기죄가 성립할 여지도 있다.

Q AI 시대에 '이것은 내가 직접 만든 진짜다'라는 것을 어떻게 증명할 수 있을까?

A 중요한 것은 작품을 만든 과정의 기록을 남기는 것이다. 예를 들어, 그림을 그렸다면 완성본만 저장하지 말고 연필 스케치 단계, 채색 전 단계, 수정 과정이 담긴 작업 파일(PSD 레이어 파일 등)을 함께 보관하는 것이 좋다. 작업

하는 화면을 일부 녹화해두는 것도 도움이 된다. 소설을 썼다면 초고, 수정본, 최종본을 각각 저장하고, 문서의 작성·수정 날짜가 보이도록 남겨두면 유용한 증거가 된다. 또한 파일을 이메일로 스스로에게 보내두거나, 클라우드에 업로드해두면 해당 시점에 작품이 존재했다는 기록이 남는다. 더 나아가 타임스탬프 서비스나 블록체인 인증 서비스를 이용하면, 특정 날짜에 그 파일이 있었다는 사실을 객관적으로 증명할 수도 있다. 저작권 등록도 현실적인 방법이다. 창작과 동시에 저작권은 생기지만, 등록을 해두면 나중에 분쟁이 생겼을 때 내가 창작자라는 점을 훨씬 쉽게 인정받을 수 있다. 결국 중요한 것은 완성된 결과물 하나가 아니라, 그 작품이 만들어지는 과정의 흔적이다. 사람의 창작임을 보여주는 가장 확실한 방법은 '과정의 기록'을 남기는 것이다.

Q AI가 만든 저가형 콘텐츠 사이에서 '인간 창작자'로서 내 몸값을 높이는 가치 설계법은?

A AI가 쉽게 대체할 수 없는 가치를 의도적으로 설계해야 한다. 우선 결과물 자체가 아니라 '관점'을 상품화해야 한다. AI는 평균적인 글과 이미지를 능숙하게 만들어내지만, 특정한 삶의 경험에서 나온 문제의식이나 일관된

세계관까지 대신해주지는 못한다. 특정 세대의 현실이나 개인적 경험이 녹아 있는 시선으로 풀어낸 작품이라면 쉽게 복제되기 어렵다. 또한 창작의 '과정'을 자산으로 만드는 것도 중요하다. 완성된 결과물만으로는 인간의 작업과 AI 결과물을 구별하기 어려운 시대이기 때문이다. 스케치와 초안, 수정 과정, 작업 노트 등을 공유하면 창작자의 고민과 선택이 드러난다. 사람들은 단순히 콘텐츠 한 편이 아니라, 그 콘텐츠를 만들어내는 사람과 태도를 함께 소비하게 된다. 아울러 관계 자본을 구축해야 한다. AI는 팬과 관계를 맺지 못한다. 그러나 인간 창작자는 독자와 소통하고, 커뮤니티를 만들고, 경험을 제공할 수 있다. 오프라인 행사나 멤버십 운영, 지속적인 소통은 결과물 이상의 가치를 만든다.

1 대법원 2014. 2. 27. 선고 2012다28745 판결.

2 대법원 2014. 12. 11. 선고 2012도16066 판결.

3 서울중앙지방법원 2023. 6. 9. 선고 2020가단5313298 판결.

4 서울북부지방법원 2008. 12. 30. 선고 2007가합5940 판결.

5 대법원 2014.12.11. 선고 2012도16066 판결.

6 Andy Warhol Foundation for the Visual Arts, Inc. v. Goldsmith, 598 U.S. 508 (2023).

7 수원지방법원 2006. 10. 20. 선고 2006가합8583 판결.

8 부산고등법원 2021. 6. 24.선고 2017나339 판결, 부산지방법원 2017. 2. 8.선고 2014가합9635 판결.

9 서울고등법원 2018. 12. 6. 선고 2018나2040806 판결.

10 서울민사지법 1995. 1. 18. 자 94카합9052 결정.

11 서울중앙지방법원 2023. 6. 9. 선고 2020가단5313298 판결.

12 서울중앙지방법원 2015. 1. 16. 선고 2013가합85566 판결.

13 대법원 2015. 4. 9. 선고 2011다101148 판결.

14 대법원 2019. 2. 28. 선고 2016다271608 판결.

15 대법원 2024. 7. 11. 선고 2021다272001 판결.

16 서울고등법원 2009. 9. 3. 선고 2009나2950 판결.

17 서울중앙지방법원 2003. 10. 22. 선고 2003나8359 판결.

18 대법원 2000. 4. 21. 선고 97후860, 877, 884 판결.

19 Burrow-Giles Lithographic Co. v. Sarony, 111 U.S. 53 (1884).

20 Community for Creative Non-Violence v. Reid, 490 U.S. 730, 737 (1989).

21 Thaler v. Perlmutter, No. 22-CV-384-1564-BAH (2023).

22 Andrea Bartz, Charles Graeber, and Kirk Wallace Johnson v. Anthropic PBC, Northern District Court of California, No. C 24-0541/ WHA(2025).

23 Thomson Reuters v. Ross Intelligence, Inc., 1:20-cv-00613 (D. Del.).

24 대법원 2024. 7. 11. 선고 2021다272001 판결.

25 Thomson v. Larson, 147 F.3d 195 (2d Cir. 1998).

26 Aalmuhammed v. Lee, 202 F.3d 1227 (9th Cir. 2000).

창작 본능
AI 시대, 우리가 낙서를 멈추지 않는 이유

초판 1쇄 발행 2026년 2월 27일

지은이 정연덕
펴낸이 김수현

디자인 [★]규
제작 357제작소
물류 우진물류

펴낸곳 도서출판 어웨이크
출판등록 2024-000121호.
주소 서울시 마포구 월드컵북로 400, 5층 21호
이메일 edit@awakebooks.co.kr

ISBN 979-11-996249-3-1 93360

- 이 도서는 2025년 문화체육관광부의 '중소출판사 성장부문 제작지원' 사업의
  지원을 받아 제작되었습니다.